阳光心态

青少年心理健康教育

刘海钦 主编

化学工业出版社

·北京·

内容简介

本教材以培养青少年阳光心态为核心，针对中学生和中职学生的心理发展特点，提炼出自我意识、乐观、自信、交际、主动学习、自控、爱心、勇敢八个关键心理要素，围绕"意识—情绪—行为—价值"的心理学逻辑顺序展开解析，兼顾科学性与系统性。教材以学生为主体，突破传统心理学理论框架，以学生的实际心理现象为切入点，通过"现象分析—重要性阐释—自测互动—问题提出—务实解决"的递进式设计，增强实用性和参与感。

本教材语言亲切，以谈心的方式与学生沟通。案例生动，设计活泼，插图新颖。"知识链接""深度提示"等模块，增添了内容的广度和深度。

这是一本学生"愿意读、读得懂、用得上"的心理教材，也是一本青少年心理健康的科普读物，兼顾了可读性与学术严谨性，力求助力青少年在认知自我、调节情绪、实践行动和价值升华中，实现健康成长。

图书在版编目（CIP）数据

阳光心态：青少年心理健康教育 / 刘海钦主编.
北京：化学工业出版社，2025.8（2025.11重印）. -- ISBN 978-7-122-48782-7

Ⅰ.G444
中国国家版本馆CIP数据核字第20252G5K11号

责任编辑：王嘉一 迟 蕾 李植峰　　　　装帧设计：梧桐影
责任校对：李 爽

出版发行：化学工业出版社
　　　　　（北京市东城区青年湖南街13号　邮政编码100011）
印　　装：涿州市般润文化传播有限公司
787mm×1092mm　1/16　印张14　字数206千字
2025年11月北京第1版第2次印刷

购书咨询：010-64518888　　　　售后服务：010-64518899
网　　址：http://www.cip.com.cn
凡购买本书，如有缺损质量问题，本社销售中心负责调换。

定　　价：49.00元　　　　　　　　版权所有　违者必究

《阳光心态：青少年心理健康教育》
编写人员

主　　编	刘海钦
副主编	张　君　王　峥
参编人员	景国敏　王西营　王明欣
	范险锋　牛超群　李少伟

这是一本专为青少年打造的心理健康成长手册，它有三大创新突破：

▶ 视角革新——从"学生真实困惑"出发，拒绝理论堆砌。

▶ 结构创新——以常见心理路径为线索，自然渗透知识。

▶ 表达创新——对话式语言+表情包插图+成长手账设计。

它以培养积极阳光心态为目标，紧扣青春期心理发展规律，聚焦八大关键心理要素：

☑ 自我认知　☑ 乐观豁达　☑ 自信成长　☑ 人际交往

☑ 主动学习　☑ 自控管理　☑ 共情关爱　☑ 勇敢突破

它构建科学体系，层层深入：

创新"意识→情绪→行为→价值"四维培养模型，将八大心理要素转化为可操作、易实践的成长路径。

它突破传统说教模式，采用青少年喜爱的"五步进阶法"，直击痛点：

现象透视→意义解析→心理自测→问题挖掘→疏导调适

它亲近读者，互动体验：

通过谈心语言+情景案例+互动问卷+漫画图解+修炼工具，让心理改变真实发生。

对于拿到这本书的青少年朋友，它会打开你奇妙美丽的心理世界，而且实用、好用、有用！

当被问及"人生中什么最为重要"时，想必大家会给出不同的答案。有人看重事业，有人看重家庭，有人看重金钱，有人追逐名誉……，也有不少同学会毫不犹豫地选择健康。

曾有人精妙比喻：健康是数字"1"，财富、地位、名誉等皆是"0"。唯有"1"存在，后面的"0"越多，人生的价值与意义才越丰厚；一旦失去"1"，再多的"0"也只是虚无。

不过，值得注意的是，部分人对健康的理解仅停留在生理层面，认为只要身体没有病痛就是健康。但随着时代发展，健康的内涵已更加丰富。世界卫生组织明确指出，健康不仅意味着身体无病，还涵盖良好的心理适应能力与社会适应能力。而良好的社会适应，离不开健康的心理状态。由此可见，心理健康是健康不可或缺的重要组成部分，一位心理学家曾说："人的健康，一半是身体健康，一半是心理健康。"只有身心皆健康，才是真正意义上的健康。

在竞争激烈的现代社会，繁重的学习任务、复杂的人际关系，都在不断冲击着我们的心理防线。不知同学们是否留意到身边的这些现象：有的同学脾气暴躁，常因一点小事就与他人争执不休；有的同学意志消沉，整日沉迷网络游戏无法自拔；有的同学极度自卑，总觉得自己处处不如人；还有的同学自视甚高，听不进他人善意的批评与建议。这些表现都与心理健康密切相关。心理健康与否，往小了说，可能影响一场考试、一次比赛的结果；往大了看，甚至会左右一个人的工作、学习、生活，乃至决定事业的成败。

同学们，你们正处于青春年华，这是一段朝气蓬勃、充满活力的美好时光，也是从懵懂走向成熟的关键过渡期，更是面临诸多压力的特殊时期。在这段旅程中，既有温暖的阳光与绚丽的彩虹，也难免遭遇寒风冷雨。出现心理困扰是成长中的正常现象，关键在于我们如何以正确的态度去面对，而拥有阳光心态便是破局之道。

阳光心态表现为自信乐观、宽容豁达、知恩图报、奉献进取，它不仅能照亮自己前行的道路，也能温暖他人，给予我们无穷的力量，让我们在人生路上绽放人性之美，收获一路的欢乐。

　　我们该如何培养阳光心态呢？

　　第一，要建立自信。

　　自信就是相信自己的能力与价值。试想，如果连我们自己都怀疑自己，又怎能赢得他人的信任？法国著名思想家、文学家罗曼·罗兰曾说："先相信自己，然后别人才会相信你。"自信是自我成长、获取成功的强大动力。居里夫人在科研道路上遭遇无数困难与挫折，却始终坚信："我们应该有恒心，尤其要有自信心！我们必须相信我们的天赋是用来做某种事情的，无论代价多大，这种事情必须做到。"正是这份坚定的自信与执着，让她在科学领域取得举世瞩目的成就，赢得了全世界的尊重。相反，自卑如同灰色的阴霾，会压抑个性，让我们在表达自我、与人交往、探索创新时畏缩不前，陷入抑郁、紧张的负面情绪中。

　　我们每个人都是独一无二的存在，是大自然的杰作，是人类文明的传承者。"天生我材必有用"，无论家庭条件、外貌长相、学习训练成绩如何，都不应成为划分自信与自卑的标准。让我们选择自信，以昂扬的斗志展现个性，书写精彩人生！

　　第二，要涵养包容。

　　世间万物，形态各异；人类个体，性格万千。我们每个人都是独一无二的个体，但又共同生活在同一个世界，与国家、民族的命运紧密相连。相比之下，个人的荣辱得失显得如此渺小，我们又有什么理由不包容这个世界、接纳身边的每一个人呢？正所谓"海纳百川，有容乃大"，我们应如大海般拥有宽广的胸襟。

在日常生活中，我们是否会因为同学一句无心之语就闹矛盾？面对老师、教练的善意批评，能否虚心接受而非顶撞？犯了错误，是否敢于主动承认？友善对待师长与同学，严格要求自己，宽容对待他人，勇于认错，保持微笑，乐于助人——这些都是包容心态的体现，更是豁达儒雅的人生境界。

包容，是人际交往中最珍贵的品质，是人生的智慧与美德。愿我们都能养成这份美德，成就高尚人生。

第三，要保持进取。

积极进取的精神是人生最宝贵的财富，它是生命的底色，是幸福快乐的源泉。一个人若失去追求，便会陷入萎靡，觉得生活黯淡无光；而当我们心怀远大目标并为之不懈奋斗时，生活就会变得充实而有意义，仿佛整个世界都充满阳光。

进取需要明确的目标，我们应当树立为集体、为社会服务的崇高理想。当下，我们更要珍惜良好的学习环境，感恩同学的无私帮助，铭记老师的谆谆教诲，以持之以恒的态度不断进取。学习的道路上难免遇到挫折，与其为一时的得失成败黯然神伤，不如积蓄力量再次出发。

"条条大路通罗马"，成功的道路千万条，只要我们始终保持进取之心，就一定能成为社会栋梁，收获成功与幸福的人生。

同学们，良好的心理素质，是我们未来披荆斩棘、走向胜利的重要保障。希望大家学会自我调适，在成长过程中建立自信、涵养包容、保持进取，以积极的阳光心态迎接每一天！

目录

你有自控力吗

你珍惜爱吗

开篇

写给正在成长的你

亲爱的同学，让我给你先讲一个古老的寓言：在很久很久以前，诸神创造了人类。当他们发现人类如此聪慧，几乎能与神明比肩时，他们感到了恐惧。于是众神召开紧急会议，讨论要把人类最珍贵的宝物藏在哪里。有人提议藏在最高的山顶，但担心人类终将攀登；又有人说藏在最深的海底，却想到人类终会探索。最后，他们想出了一个绝妙的主意——把这份珍宝藏在人类自己的心里！

这个寓言告诉我们，心灵才是人类最珍贵的财富。真正的富足是精神的富足，真正的力量来自强健的内心。

身体的强健、财富的积累和事业的成功，都始于健康的心理状态。可以说，良好的心理素质是我们取得成就的关键。

让阳光洒满年轻的心田，这是你的美好渴望，也是我们共同的期盼。

一、心理健康：青春的隐形翅膀

心理健康是怎么一回事？让我们从健康谈起。

你知道吗？"健康"这个概念一直在与时俱进地变化。过去人们认为不生病就是健康，这种看法太过简单了。

1984年，世界卫生组织（WHO）在《保健大宪章》中提出了革命性的"健康新概念"："健康不仅是肌体的强健和没有疾病，而且是生理上、心理上和社会方面的完好状态。"随着认识的深入，1989年，这个定义又扩展为"躯体健康，心理健康，社会适应良好"。1990年，增加了"道德健康"的要求——能够辨别是非善恶，用社会道德规范约束自己。

由此可见，真正的健康不仅是身体无病，更是心理、社会和道德的和谐状态。

健康是全面的：既要身体好，也要心理强，还要能适应社会，更要品德高尚。

世界卫生组织用"五快"和"三良好"来概括健康标准。

五快（身体方面）：

吃得快——胃口好，不挑食

排得快——排便顺畅

睡得快——入睡快，睡眠质量高

说得快——思维敏捷，表达流畅

走得快——行动灵活，步伐轻快

三良好（心理方面）：

个性良好——情绪稳定，性格开朗

处事良好——客观理性，适应力强

人际良好——乐于助人，关系和谐

随着社会的进步和医学科学的发展，生物-心理-社会医学模式逐渐取代了传统的生物医学模式，人们对健康含义的理解也越来越深刻。世界卫生组织又提出了在日常生活中衡量健康的具体十条。

（1）精力充沛，能从容不迫地应付日常生活和工作，不感到过分劳累。

（2）处事乐观，态度积极，乐于承担责任。

（3）应变能力强，能适应各种环境的变化。

（4）善于休息，睡眠良好。

（5）对常见疾病有一定抵抗力。

（6）体重适当，体态匀称。

（7）眼睛明亮，反应敏锐。

（8）牙齿清洁，无缺损，无疼痛，牙龈颜色正常，无出血。

（9）头发光洁，无头屑。

（10）肌肉、皮肤富弹性。

由此来看，心理健康是健康的重要组成部分。心理健康指在认知、情感、意志、行为方面的健康状态，主要包括发育正常的智力、稳定而快乐的情绪、高尚的情感、坚强的意志、良好的性格及和谐的人际关系等。

中学生处于青少年期，也称青春期，是从童年向成年的过渡时期。中学生

时代是一生中最美好的时代，是成长最快、变化最大的时代。这时中学生生理快速发育，心理由依赖走向独立，开始接触社会，心理发展进入关键变化期。

我们都希望你的中学时代快乐、阳光、美好，保持心理健康是一个决定性因素。一个拥有阳光心态的中学生应有如下的心理健康表现。

心理健康意义重大，五个"有利于"像是给中学生插上隐形的翅膀，助力度过青春期的变化和坎坷。

认知正常——感知敏锐，思维清晰，富有想象力

情绪健康——乐观开朗，善于调节情绪

意志健全——目标明确，坚持不懈

自我认知恰当——能客观评价自己

人格完整——三观正确，性格稳定

人际关系良好——懂得理解和包容他人

适应力强——能积极应对环境变化

有利于身体发育

有利于人格发展

有利于适应社会

有利于成才立业

有利于素质养成

二、心理健康与生理健康

奥地利心理学家弗洛伊德认为，社会的文明发展程度越高，人类的心理压力就越大。在这个充满竞争的社会里，中学生面临越来越多的身心变化、人际交往、学业负担等问题。如果这些问题得不到妥善处理，就有可能引发心理困扰。

曾有健康学者提出，心理健康比生理健康更重要。听起来偏颇，但颇有依据。美国心理学家曾对1500名儿童进行了几十年的追踪研究，将其中最成功的150名与最不成功的150名做了详细比较，发现他们在智力上没有多么大的不同，他们最大的差别在于情感、社会适应力、自信心、坚持力等心理素质方面。非智力因素是人才成功的主要因素，这一点已经逐渐得到公认。生理健康是基础，生理发育健全有利于心理的健康成长；同时心理健康也会促进生理健康。

心理健康对每个青少年都至关重要。就像我们不会等到生病才关注身体健康一样，心理保健也要从平时做起。良好的心理素质不仅能预防心理问题，更能帮助我们开发潜能，健全人格。

在21世纪，只会读书已经不够了。一个真正优秀的青少年应该：

- ● 既有好身体，又有丰富情感。
- ● 既会学习，又懂得与人相处。
- ● 既有高智商，又善于管理情绪。
- ● 既会思考，又了解自己。

三、积极适应，构建一生幸福的基石

现代社会变化之快前所未有，人的适应能力变得尤为重要。对中学生来说，既要适应身心成长，又要适应社会环境的变化，还要适应常常出现的内心矛盾冲突。你一定要学会积极适应，这是保持心理健康的法宝，也是必备的生活技能，更是你一生幸福的基石。

适应有两种状况：消极适应和积极适应。

（1）消极适应是被环境改变，压抑自我。

（2）积极适应是与环境和谐共处，同时发展自我。

有学者提出了现代社会对中学生积极适应能力的要求，很简明，但含义丰富。即：学会做人；学会做事；学会相处；学会学习。

学会做人	能够正确地认识自我和理解自我
	能够正确地认识社会和对待社会
	能够确立作为一个社会成员所必须具备的人生观和价值观
	能够充分理解身体的发育，逐渐完善作为男性和女性的性别角色
学会做事	具有充分的心理能力，去学习作为社会成员必备的知识和技能
学会相处	能正确处理人际关系，特别是能正确处理和异性的关系
	有较强心理能力应对家庭生活、集体生活、新环境生活等
学会学习	有充分的心理能力作选择职业和就业的准备

外在世界和我们的内心可以是不同的境界。我们欢欣鼓舞、轻松愉快或者孤独苦闷、垂头丧气，并非都由外在的事件所决定，在很大程度上取决于我们的心理状态。积极适应，心理健康，幸福快乐感会常驻心间；消极适应，心理不健康，即使有山珍海味、金钱权势，内心仍痛苦、凄凉。心理健康的人能够积极地面对一切，在生活中洋溢着满足和快乐。

青少年时期，特别是中学时代，是心理走向成熟的关键时期，若能积极适应身心变化、环境变化、情绪变化，就会成就自己的阳光心态。这是一生幸福的基石！

阳光心态修炼馆

心理适应能力自测

请阅读下列题目，根据自身实际情况，在"是""不是"或"无法肯定"三种答案中选择符合自己的一种。

1. 我最怕转学或转班级。每到一个新环境，我总要很长一段时间才能适应。

2. 每到一个新地方，我很容易同别人亲近。

3. 在陌生人面前，我常无话可说，感到尴尬。

4. 我最喜欢学习新知识或新学科，它给我一种新鲜感，能调动我的积极性。

5. 每到一个新地方，我第一天总是睡不好。哪怕在家里换一张床，有时也会失眠。

6. 不管生活条件有多大变化，我都能很快习惯。

7. 越是人多的地方，我越感到紧张。

8. 我的期末成绩多半不会比平时差。

9. 全班同学都看着我，我的心都快跳出来了。

10. 对他（她）有看法，我仍能同他（她）交往。

11. 我做事情总有些不自在。

12. 我很少固执己见，常常乐于采纳别人的观点。

13. 同别人争论时，我常常感到语塞，事后才想起该怎样反驳对方，可惜已经太迟了。

14. 我对生活条件要求不高，即使生活条件很艰苦，我也能过得很愉快。

15. 有时自己私下里明明把材料背得很熟，可在当众背诵的时候，我还是会出错。

16. 在决定胜负成败的关键时刻，我虽然很紧张，但总能很快地使自己镇定下来。

17. 我不喜欢的东西，不管怎么学也学不会。

18. 在嘈杂混乱的环境里，我仍然能集中精力学习，并且效率较高。

19. 我不喜欢陌生人来家里做客，每逢这种情况，我就有意回避。

20. 我很喜欢参加社交活动，我感到这是交朋友的好机会。

评分规则

凡单数号题，选"是"得 −2 分，选"不是"得 2 分；双数号题，选"是"得 2 分，选"不是"得 −2 分。选"无法肯定"均得 0 分。将各题得分相加，即得总分。

结果解释

35～40 分。心理适应能力强，能较快适应新环境，与人交往轻松、大方。无论进入什么样的环境，都能应付自如，左右逢源。

29～34 分。心理适应能力良好。

17～28 分。心理适应能力一般，进入一个新环境，经过一段时间的努力，基本上能适应。

6～16 分。心理适应能力较差，依赖于较好的学习、生活环境，一旦遇到困难则易怨天尤人，甚至消沉。

5 分以下。心理适应能力很差，即使经过一段相当长时间的努力，也不一定能够适应新环境，因与周围事物格格不入而十分苦恼，与他人交往总显得拘谨、羞怯、手足无措。

在本测试中，得分较高说明你心理适应能力较强，请保持和继续努力；得分较低也不必忧心忡忡，因为一个人的心理适应能力是随着年龄的增长、知识经验的丰富和各种能力的提高而不断增强的。只要你充满信心，努力学习，加强锻炼，你的心理适应能力一定会增强的。

第一篇

你认识自己吗

导语

亲爱的同学，你是不是也经常在心里问自己这些问题：

"我到底是个怎样的人？"

"我将来想成为什么样的人？"

"我能改变自己吗？"

别担心，不止你一个人这么想！

其实，认识自己这件事，从古至今都是个大课题！古希腊的哲学家苏格拉底说："认识你自己是最重要的智慧之一。"

那为什么要认识自己呢？因为你越了解自己，就越清楚自己想要什么、适合什么，做选择时也不会那么纠结！而且接纳自己、提升自己，还能让你更自信、更快乐！

偷偷告诉你：这可比刷短视频有意义多了！

想不想知道怎样才能更好地认识自己？往下看，咱们一起探索！

第一节 | 认识自己是你自我意识的觉醒

一、中学时代：你的身心变化最活跃的时期

中学生的青春期如同一场生命的蜕变，在悄无声息中改变着每一个人的身心世界。这是一个充满活力与张力的成长阶段，身体的明显变化、心理的快速成熟、情感的多样丰富都在这一时期快速展开，一些迷茫与困惑也如影随形。

1. 青春期身体变化，奇怪吗

青春期是身体变化最显著的时期，无论是身高、体重、外貌的变化，还是生理功能的成熟，在快速地让你成为帅气的小伙子和漂亮的大姑娘，但也出现

了激素紊乱、体重波动、皮肤粗糙、睡眠失调等生理变化，这些都常引发你的烦恼，甚至产生自我否定。其实，你的身体正在悄悄地进行"升级改造"。

（1）身体快速长高　就像我们玩的"俄罗斯方块"，你的骨骼在疯狂叠高，每天让自己运动起来，为自己的身体蓄满能量。

（2）"变形记"　男生声音听起来像破旧的收音机发出的声响，别慌，这是身体在悄悄告诉你，你在向成为真正的男子汉迈进；女生的身体与心理也经历着前所未有的成长浪潮，不要害羞，女孩们，请你们用优雅的姿态去拥抱这些蜕变。

（3）皮肤警报　青春痘是身体在发送一份特别的成长通知书——就像身高猛增、声音变粗一样，这是激素水平变化的自然表现，它像是在提醒着，你正在从儿童向成人蜕变。

这很神奇，但又不奇怪。全世界同龄的孩子和你一样都在经历这些变化，只是每个人的快慢节奏不同。就像有的花春天开，有的花夏天开，但最终都会绽放。所以我们要接纳自己身体的变化，学会适应这些变化，这是成长的一部分；同时还要保持健康的生活方式，如合理饮食、坚持运动，有助于自己更好地应对身体变化。

2. 青春期"心"的变化：喜怒哀乐从哪来

这时候的你是不是情绪常常波动？像过山车一样忽上忽下，时而欢欣雀跃，时而烦躁暴怒，时而又忧郁悲伤，其实这都是由于大脑发育、激素变化和社会角色转变等共同作用的结果。

青春期开始疯狂思考"我是谁"，对他人的评价敏感度飙升，开始在意所有人对自己的看法，同伴认同需求激增，大脑变成"社交

雷达"……这些都是你在适应复杂的社会，是大脑进阶的必经之路。这不是坏事，未来还会成为你应对困难时的神奇能力。

青春期的情绪失控，本质是一场"成长必修课"。那些让你失眠的嘲笑、孤独和迷茫，终将成为你未来面对社会的铠甲。去跑步、跳舞、打篮球、听音乐，拥抱朋友……让自己成为情绪的掌控者，去拥抱每一个不一样的自己。

3. 青春期超能力觉醒：注意力、记忆力、创造力的神奇开关

在青春期的神秘时光里，仿佛有一股潜藏在身体深处的力量正悄然苏醒。那是一种超越平凡的超能力觉醒，如同夜空中突然绽放的璀璨星辰，照亮了青春前行的道路。

（1）注意力　大脑中的前额叶皮层在注意力调控中起着关键作用。当我们能够集中注意力时，前额叶皮层会被激活，它就像一个指挥中心，筛选和保持相关信息，抑制无关干扰。中学生就像一颗充满能量的小星球，对外面的世界充满了好奇和探索的欲望。他们的注意力容易被新鲜、有趣的事物所吸引。

多巴胺等神经递质，也对注意力有着重要影响。适当水平的多巴胺能增强我们的注意力和专注力。当我们从事自己感兴趣的活动时，大脑会释放多巴胺，使我们更容易集中精力。

（2）记忆力　中学生的大脑就像是一个强大的"知识仓库"，有着巨大的潜力。这个时期的孩子能够快速地学习和吸收新的知识，记忆力达到高峰。他们可以轻松地记住大量的单词、公式、历史事件等，就像一台高效的信息处理器。然而，他们的记忆也可能受到情绪的影响，当情绪低落时，记忆力就会受到影响。

睡眠期间，大脑会对白天学习和经历的信息进行整理和巩固，将短期记忆转化为长期记忆。因此，保持充足的睡眠对提高记忆力至关重要。

（3）创造力　中学生的创造力就像是一朵正在绽放的花，充满了无限的可能。这个时期的孩子思维活跃，敢于想象，不受传统观念的束缚，能够提出一些新颖独特的想法和观点。你们就像一群勇敢的探险家，在未知的领域中不断探索和创新。

适度的多巴胺水平可以激发你们的好奇心和探索欲，促使你们尝试新的想法和方法。当面对一个具有挑战性的问题时，多巴胺能驱使你们不断思考和尝试，从而产生创造性的解决方案。

注意力、记忆力和创造力虽然有各自的生理基础，但通过适当的训练和心理调节，就可以更好地掌控它们，开启你的超能力"神奇开关"，去创造奇迹吧。

二、中学时代，自我意识形成的关键时期

你有没有过这样的时刻：

● 照镜子时突然好奇："我到底是个什么样的人？"

● 被爸妈唠叨后暗想："在他们眼里我就这么差吗？"

● 深夜睡不着止不住问自己："未来的我能成为想成为的人吗？"

别慌！这些纠结正说明你的"自我意识"开始觉醒啦！就像美国心理学家马尔兹说的，我们心里都有一张"自我画像"，而中学正是给这幅画上色的关键期！

什么是自我意识？简单说就是自己对自我的认识、体验、调控等心理活动。

自我认识——"我觉得我是个学霸或搞笑担当"。

自我体验——"想到自己是学渣就难受或被夸了就超开心"。

自我调控——"明天开始我要每天背20个单词或明天我一定要早起"。

你的"自我"是怎样长大的？

（1）婴儿期　这时的幼儿对自己的生理状态，如身高、体重、性别、健康状况等开始有认识。此时幼儿的行为是以自我为中心的，被称作"生理自我"时期。例如刚学会说"我"字的小孩，抢玩具就会说："这是我的！"

（2）儿童期　变成"社会人"啦！开始在意：同学喜不喜欢我？老师觉得我乖吗？这个时期，主要用别人的观点去评价事物、认识他人和认识自己，因此被称作"社会自我"时期。想想小学时是不是超怕被孤立？

（3）青春期　就是现在的你！开始思考："我的性格像谁？我的梦想是什么？"这个时期，你在生理和心理上都发生了急剧而重大的变化，逐渐脱离对成人的依赖，关注自己的身体、性格、情绪、爱好，开始用自己的眼光和观点去认识和评价外部世界。

这时正是你的中学时期，突然且朦胧地看到自我的价值与理想，产生了自我塑造、自我教育和自我实现的强烈愿望。由于心理尚未成熟，中学生自我意识的发展也不是一帆风顺的，而是存在着矛盾和冲突的。

中学生的专属心理常常在矛盾中，例如：

理想VS现实	"我想考清华！" VS "数学才考50分……"
自尊VS自卑	"我体育超棒！" VS "他们都比我英语好。"
想独立VS要依赖	"别管我！" VS "妈，零花钱能再多点吗？"

中学生的自我意识发展很快。但因这时心理并不成熟，容易出现偏差。需要注意这些危险信号！

自我意识过强：变成完美主义/自负狂/玻璃心/公主病。

自我意识过弱：总觉得自己学不好/盲目跟风/拒绝社交/抑郁症。

第二节｜认识你的变化，新的人生向你走来

中学这几年绝对是你身心和自我意识发展的黄金期！面对你的变化，我们需要以理性的态度认识它，以积极的心态接纳它，以科学的方法应对它。珍惜你成长的黄金时期，解锁更强大的自己。

一、理性看待身心变化：变化不是敌人，而是你成长的证据

青春期的生理变化是生命成长的必然历程，也是心理变化的基础。身高体重的快速增长、第二性征的出现、面部皮肤的变化，都是人体发育的正常现象。这些变化并非缺陷，而是生命力的体现。我们要学会以平和的心态看待这些变化，这是每个人都要经历的成长过程。同时，要建立卫生习惯、保持规律作息、坚持体育锻炼、选择健康饮食，让身体在最佳状态下发育。

二、科学管理情绪波动：情绪像天气，阴天总会放晴

青春期情绪容易起伏是大脑发育过程中的自然现象。当情绪波动时，可以通过多种方式进行调节，例如与信任的人交流倾诉、将感受诉诸文字、投入感兴趣的活动中。培养健康的兴趣爱好不仅能丰富生活，更能为情绪提供稳定的支点。要认识到情绪波动是暂时的，学会用理性思维来平衡感性反应。

三、客观认识自我价值：这是你的自我意识在成长

建立正确的自我认知是青春期的重要课题。既要看到自身优势，也要对有待提高的方面有所认知。既不妄自菲薄，也不盲目自大。当发现不足时，别着急，要制订切实可行的改进计划，记住，成长是一个渐进的过程，需要给自己足够的耐心和时间。

四、培养健康生活方式：它是你青春旅途的加油站

合理的生活习惯是顺利度过青春期的保障。饮食上要注意营养均衡，多摄入新鲜蔬果；保证充足睡眠，避免熬夜；坚持适度运动，增强体质。这些习惯不仅能促进身体发育，也有助于保持良好的心理状态。要认识到，健康的生活方式是受益终身的财富。

五、建立和谐人际关系：青春就是一场大型角色扮演游戏

青春期的人际关系呈现新的特点。与父母相处要懂得换位思考，在保持独立性的同时珍视亲情；与朋友交往要真诚相待，建立互助成长的关系；与异性同学要保持适度距离，发展健康的友谊；与老师沟通要积极主动，虚心求教。良好的人际关系能为成长提供重要支持。

青春期是人生的重要转折期，充满无限可能，认识自己，解锁自己，你会变得更强大。请相信：

每个前辈都经历过你的迷茫，

现在的每个选择都在塑造未来的你。

🔗 **知识链接**

情绪的生物学源头

大脑里的"杏仁核"，医学称杏仁核复合体，主要功能涉及情绪反应、记忆加工和社交行为的调控。

"杏仁核"在青春期快速发育，这个杏仁状的小东西是情绪的"紧急呼叫中心"，但负责理性决策的前额叶皮层尚未成熟，导致"情绪脑"强于"理智脑"，所以青春期的我们容易变成"情绪过山车"——开心时嗨到飞起，生气时秒变喷火龙。

激素（荷尔蒙）是由内分泌腺分泌的化学信使，像管理员一样把指令送到全身的各个细胞。而这个阶段我们的雌激素和睾酮水平波动都会影响激素的整体平衡，从而放大情绪反应。"青春期的荷尔蒙是暴走的荷尔蒙"，例如，一点小事可能突然引发愤怒或哭泣。但是请记住，这场戏终会落幕，而你收获的将是强健的体魄和探索世界的勇气。

前额叶皮层（PFC）——大脑的"指挥官"，位于额头后方，约占大脑皮质的1/3，是发育上最晚成熟的高级认知区域。

它的主要功能：

（1）决策与计划　分析利弊，制订计划。

（2）自控力　抑制冲动。

（3）注意力管理　专注任务，过滤干扰。

（4）社交行为　理解他人情绪，遵守规则。

（5）工作记忆　临时存储信息。

它的特点：

（1）发育最慢　25岁左右才完全成熟，所以青少年容易冲动。

（2）易受干扰　压力、睡眠不足、酒精会削弱它的功能，导致"失控"。同时它还和性格有关，例如冲动的人，前额叶皮层可能发育较弱。

多巴胺是一种神经递质——化学信使，负责传递"快乐"和"动机"。

它的作用：

（1）奖励机制　当你期待快乐时，多巴胺飙升，促使你去行动。得到奖励后，多巴胺反而会下降，所以"追求"比"获得"更让人兴奋。

（2）动机与学习　强化"有利行为"，例如学习后取得好成绩，大脑会记住，并重复该行为；导致成瘾性，例如玩手机、抽烟、喝酒，就是多巴胺系统被"劫持"的结果。

（3）运动调节　帕金森病就是因多巴胺神经元死亡导致的运动障碍。

它的特点：

（1）短时快感　激发即时满足，比如熬夜刷剧。

（2）与前额叶对抗　多巴胺追求"爽"，前额叶负责"克制"。

例如，熬夜刷手机时，多巴胺："下一个视频肯定更精彩！别停！"前额叶："该睡了，明天还要上学……"最后谁赢，就看哪边更强势了。

简单地说，前额叶帮你做"该做的事"，多巴胺让你想"爽"的事。它们天天在你脑子里拔河。多巴胺（想玩）压制了前额叶（该工作），造成"拖延症"。多巴胺系统失控，前额叶失去监管权，造成成瘾行为。

简言之：

前额叶＝理性、长远规划。雅号"理智脑"。

多巴胺＝欲望、即时奖励。雅号"快乐激素"。

健康的大脑需要两者平衡协作！

第三节 ｜ 自我意识自测

《青少年自我意识自测量表》可以用于初步的自我评估。建议在安静环境下诚实作答，根据最近1～2个月的真实感受进行选择。

[请根据以下描述结合你的符合程度进行打分（1～5分）：1分——完全不符合，2分——不太符合，3分——一般，4分——比较符合，5分——完全符合。]

➤ 自我认知

1. 我清楚自己的优点和缺点。
2. 我知道自己未来想成为什么样的人。
3. 我能客观评价自己的外貌、性格或能力。
4. 当别人批评我时，我会反思是否合理。

➤ 情绪觉察

5. 我能快速意识到自己为什么生气或难过。
6. 情绪波动时（如烦躁、焦虑），我能找到原因。
7. 我允许自己偶尔脆弱，不会强行压抑情绪。

➤ 独立性

8. 我能自己做决定（如选课、交友），不依赖他人。
9. 即使朋友反对，我也敢坚持自己的观点。
10. 我能为自己的行为后果负责（如拖延导致成绩差）。

➤ 社交自我意识

11. 我能察觉自己的言行是否影响他人情绪。
12. 在人群中，我知道自己适合什么角色（如领导者或倾听者）。
13. 我会根据场合调整行为（如不在教室大声喧哗）。

➤ 自尊与自信

14. 我认为自己值得被尊重和喜爱。
15. 失败时，我不会全盘否定自己（如"我什么都做不好"）。
16. 别人比我优秀时，我不会感到自卑。

评分与解释

总分≥60分：自我意识较强，能清晰认识并管理自己。

40～59分：中等水平，某些方面需加强（如情绪觉察或独立性）。

总分＜40分：自我意识较弱，建议通过日记、心理咨询等方式探索自我。

关键维度分析

某一维度（如"自尊与自信"）平均分＜2.5分时，需重点关注该领域。

改编自《青少年自我意识量表》，由我国学者聂衍刚等人（2005年）在Rosenberg自我概念理论基础上修订，适用于12～18岁中国青少年群体。

第四节 | 了解青春期的心理迷失

中学生青春期常常会出现的心理迷失是"迷茫"和"叛逆"。

一、迷茫心理：我不知道自己是谁

在你本该最热血沸腾的年纪，心里却常常像蒙了一层雾。这不是简单的"长大就会好"的小烦恼，而是人生第一次认真思考：我到底是谁？我要成为怎样的人？这种迷茫，就像心里突然来了场"大地震"，把小时候简单明了的世界震得七零八落，而新的世界还没建起来呢。

当分数变成衡量你价值的标尺，当朋友圈里人人都活得像人生赢家，当爸妈的期待和你心里的声音打架，这种时候的迷茫，既是长大的必经之路，也折射出了我们成长中的一些问题。

（一）脑子突然升级，但操作手册没跟上

就像突然给你一台专业相机，你却连开机键都找不到。这个年纪的你开始

能思考很深的问题，但又缺乏处理这些问题的经验。所以经常会出现半夜突然思考人生，结果越想越懵的情况。这太正常了！因为你没有足够的"思维工具"处理这些复杂问题。心理学称之为认知发展的断层效应。

（二）比来比去的陷阱

在班里，成绩就像隐形的身份牌。研究发现，中等生最容易找不到自我定位——老师不太关注，又不需要特别帮助。刷朋友圈更可怕，看着别人光鲜的生活，很容易觉得自己哪都不行。容易产生"比较性自我贬损"。

（三）家里那面"魔镜"

爸妈有时候就像一面哈哈镜，照出来的不是真实的你，而是他们想象中的你。有些同学为了满足爸妈的期待，慢慢就把真实的自己藏起来了。那些"不上好大学就完了"的话，其实把人生说得太简单了。它压抑了你们探索多元可能性的心理空间。

（四）对未来的不确定

现在世界变化太快了，以前"好好读书=成功"的公式可能不管用了。面对这么不确定的未来，有些同学干脆选择"躺平"——既然想不明白，那就不想了。心理学叫作"策略性无助"的心理防御。

中学生的迷茫就像个万花筒，转动它能看到自己、家庭和社会的多重影子。解决迷茫的关键不是找到标准答案，而是学会带着问题继续前行。就像心理学家说的："青春期的痛苦不在于找不到自己，而在于学会忍受这种找不到的状态。"

其实啊，允许自己暂时迷茫，才是真正开始认识自己的标志。在这段雾里看花的成长路上，老师和家长最该做的不是给你画好地图，而是帮你打造自己的指南针——让你即使看不清远方，也能保持前进的勇气。毕竟，人生的精彩，不在于复制别人的路，而在于走出自己的轨迹，哪怕要经历一些必要的迷路。

二、逆反心理：不要管我

进入中学，你们为什么总爱说"不要管我！"那个乖巧听话的小宝贝，突然变成了浑身是刺的"小刺猬"？当你出现这些表现时，其实都在传递重要信号，你的"逆反"来了：

顶嘴说"不要你管"——这是在宣告："我想要自己做主了！"

越不让玩手机越要玩——这是在试探："我的自由边界到底在哪里？"

动不动就发脾气——其实是因为你们的大脑"控制台"还在升级中。

开始锁门、屏蔽父母看朋友圈——这是在说："我需要自己的小天地"。

更愿意听朋友的话——反映出他们渴望获得同龄人的认同。

这些其实都是你们逆反心理的表现。

（一）逆反背后的四大真相

1. 身体里的"暴风雨"

想象一下，中学生的身体正在经历一场剧烈的"系统升级"。负责情绪和欲望的情绪脑已成熟，所以容易兴奋、冒险。但负责理性控制的前额叶（理智脑）要到25岁左右才发育完全。

这就能解释为什么孩子容易"明知不对，但就是要做"。例如明知不该熬夜却控制不住打游戏；发完脾气自己也莫名其妙。

2. 寻找自我的探险之旅

这个时期是中学生建立自我认同的关键期，你们就像在玩一个角色扮演游戏，不断尝试：

"我到底是谁？"——可能会突然迷恋奇装异服。

"我要听谁的？"——开始质疑父母的权威。

"朋友怎么看我？"——特别在意同龄人的评价。

为了寻找自我，有时候会故意显出与众不同，例如，父母越反对的事情越要坚持。

3. 家庭互动的影响

不同的教育方式会引发不同的叛逆反应：

压制管理——要么激烈反抗，要么压抑自我。

过分宠爱——容易变得任性妄为。

冷漠忽视——可能通过极端行为求得关注。

民主沟通——叛逆行为会温和很多。

家庭的不当教育方式和阴影成为孩子逆反的加速器。例如父母紧盯成绩排名，孩子可能会故意考砸；家长不认真听孩子说话，孩子则干脆不理家长。

4. 外界环境的诱惑

现在的孩子面临着前所未有的挑战：

同伴压力，"不抽烟就不够哥们"。

学业重压，用"摆烂"来反抗。

网络影响，觉得"躺平"很酷。

中学生刚刚开始社会化的进程，对环境的诱惑，知道不好，有些人偏偏还是要学。还有些人为合群跟着朋友学坏习惯，受不良网红影响认为读书无用。

（二）逆反其实是成长的礼物

逆反是青春期要独立的必修课。青春期的大脑需要"实战训练"，前额叶的发育需要实际体验。中学生通过"犯错—反思"来完善大脑前额叶的理性自我管理，就像学骑车一样，总要摔几次才会。

试想如果你们永远唯唯诺诺，将来如何面对复杂的社会？适度的逆反反而是健康的表现。

坚持自己搭配衣服，即在学习做决定；

争论作息时间，即在练习表达观点。

中学生逆反期的到来是一件很正常的事，逆反是自我边界建立的信号，关键是如何理性表达。要"适度逆反"，就要有正确的自我疏导和引导。研究发现，被尊重又得到引导的孩子，未来更自信；被过度压制的孩子，要么怯懦，要么爆发。

学校和家庭要给孩子适当的决策空间，做安全范围内的"逆反"试验场。

记住这是暂时的"系统升级期"，逆反会很快过去。要知道，每一只叛逆的"小刺猬"，最终都会长成独立自信的成年人。大人们能做的，就是给足耐心，当好他们成长路上的安全网。

逆反不是"问题"，而是"成长信号"。

表现	深层原因	积极意义
顶嘴、唱反调	在争取自主权	培养独立思考
情绪化、易怒	激素和大脑在发育中	学习情绪管理
更相信朋友	寻求社会认同	发展社交能力
挑战规则	测试边界	形成自己的价值观

第五节｜走出迷茫，我的青春我做主

一、悦纳自我，化解烦恼

她站在台上，不时不规律地挥舞着她的双手；仰着头，脖子伸得好长好长，与她尖尖的下巴扯成一条直线；她的嘴张着，眼睛眯成一条线，诡谲地看着台下的学生；偶然她口中也会咿咿唔唔的，不知在说些什么。基本上她是一个不会说话的人。但是，她的听力很好，只要对方猜中，或说出她的意见，她就会乐得大叫一声，伸出右手，用两个指头指着你；或者拍着手，歪歪斜斜地向你走来，送给你一张用她的画制作的明信片。

她就是黄美廉，一位自小就患脑性麻痹的人。脑性麻痹夺去了她肢体的平衡感，也夺走了她发声讲话的能力。从小她就活在诸多肢体不便所带来的困扰及众多异样的眼光中，她的成长充满了血泪。然而她没有让这些外在的痛苦击败她内在奋斗的精神。她昂然面对，迎向一切的不可能，终于获得了加州大学艺术博士学位。她用她的手当画笔，以色彩告诉人"环宇之力与美"，并且灿烂地"活出生命的色彩"。全场学生都被她不能控制自如的肢体动作震住了。这是一场与生命相遇的演讲会。

突然，一个学生小声问："请问黄博士，你从小就长成这个样子，你怎么看你自己？你都没有怨恨吗？"现场的气氛因为这个鲁莽的问题而紧张起来。"我怎么看自己？"美廉用粉笔在黑板上重重地写下这几个字。她写字时用力极猛，有力透纸背的气势。写完这个问题，她停下笔来，歪着头，回头看着发问的同学，然后嫣然一笑，回过头来，在黑板上龙飞凤舞地写了起来：

一、我好可爱！

二、我的腿很长很美！

三、爸爸妈妈这么爱我！

四、上帝这么爱我！

五、我会画画！我会写稿！

六、我有只可爱的猫！

七、还有……

教室内鸦雀无声，没有人再讲话。她回过头来定定地看着大家，再回过头去，在黑板上写下了她的结论："我只看我所有的，不看我所没有的。"掌声由学生群中响起。美廉倾斜着身子站在台上，满足的笑容从她的嘴角荡漾开来，眼睛眯得更小了，一种永远也击不败的傲然写在她脸上。

台湾画家黄美廉的故事激励了许多年轻人。"我只看我所有的"体现了她对自我进行认识和评价时自尊自信的态度。她是一个身体有残疾的人，然而她却比许多身体健康的人，有着更加阳光的心态和强健的心灵。

强烈的自信心能够最大限度地激发人的潜能，促进成功；而"失之东隅，收之桑榆"的辩证观，则能使人自觉地通过努力来补偿自己的不足，取得特别的成功。

像黄美廉一样悦纳自我，就是要无条件地接受自己的一切，无论是好的或坏的，成功的或失败的，有价值的或无价值的，凡自身现实的一切都应该积极接纳，对自己的本来面目持认可、肯定和喜悦的态度。

悦纳自我能平静而理智地对待自己的长短优劣、得失成败，既不以虚荣的自我来补偿内心的空虚，也不消极回避自己的现实，更不以怨恨、自责、厌恶的态度来否定自己。悦纳自我以发展的眼光来看待自己，乐观对待生活，所以开朗、愉快且满足。

青春期是中学生从少年向成人过渡的关键阶段，身心剧变带来的烦恼和迷茫是普遍现象。为自己的青春做主，就是要化解烦恼，在风暴中寻找星光、寻找自我、悦纳自我。

（一）和解烦恼：拼凑独一无二的自我拼图

青春期的我们身体经历着巨大的变化，我们开始学会接纳自己身体的新模样。

镜前的少女曾因雀斑自卑，直到某天她看到达·芬奇笔下的蒙娜丽莎，发现那抹神秘微笑的嘴角也有相似的斑点。她对着镜子轻点自己的脸颊说道："这是时光给我的星星，别人偷不走。"

男孩可能不再因为自己声音变粗而感到难为情，而是意识到这是成长的标志，是一种男子汉气概的体现。

女孩也不再为自己的胸部发育或者体形变化而过度自卑，我们逐渐明白身体的多样性是正常的，每个人都有自己独特的美。我们会更加注重健康的生活方式，而不是单纯地追求某种外貌标准。

内向的男孩总是羡慕能言善辩的同学，却在一次辩论赛失误后，发现自己倾听时能让对手卸下防备。内向的孩子不再因为自己不如外向的孩子善于社交而否定自己，他们发现内向也有内向的优势，比如更善于倾听、思考深入等。

少年撕掉"瘦子标签"，在增肌训练中感受汗水浸透衣衫的重量；女孩放下社交媒体，用素描本记录校园里每一片落叶的纹路。我们逐渐明白，真正的自己不需要活成展览馆里的完美雕塑，而是一幅带着毛边的手绘——雀斑是底色，胎记是签名，就连皱眉的瞬间都是生命力的注脚。

青春期的我们开始明白自己不是完美的，我们学会正视自己的缺点。我们学会了与自己的不完美和解，把缺点看作是成长的空间。在这个过程

中，让我们的内心变得更加包容和强大，这使我们能够以更加积极的态度面对自己和周围的世界。

记住，接纳自己的过程，本身就是一种勇敢的力量。这或许就是成长最动人的模样。

（二）化解烦恼：减轻烦恼带来的负面情绪

调整认知是减轻烦恼的利器，青春期的我们开始学会换个角度看问题。

中学生的烦恼如同夏日的雷雨，往往来得猝不及防。一个女孩因数学考试失利蜷缩在操场角落，眼泪混着雨水砸在地上，直到她发现蚂蚁正排成蜿蜒的队伍搬运碎屑——那一刻，她突然蹲下来观察它们的轨迹，心想"原来渺小的生命也能扛起比自己重的东西。"她掏出笔记本写下"失败像一块石头，但我会把它变成垫脚石。"

当面临学业压力时，不再仅仅看到失败的结果，而是思考"这次考试虽然分数不理想，但我发现了自己在知识掌握上的薄弱环节，这是一个查漏补缺的好机会"。

男孩因身高被嘲笑时，攥紧的拳头最终松开，转身报名了篮球校队。他在球场上跳跃的身影逐渐舒展，某天训练后对着镜子说："我的身高刚好能让我扣篮时看到观众席最后一排的笑容。"

青春期的我们学会了寻找合适的方式表达和宣泄烦恼。我们可能会向亲密的朋友倾诉，坐在朋友身边，将自己的困惑、不满一股脑儿地说出来，在倾诉的过程中，内心的烦恼就会减轻许多。也有人会选择通过运动来宣泄，比如在操场上尽情地跑步、打篮球，让汗水带走烦恼和压力。

有人把心事折成纸飞机，从教室窗口掷向夕阳；有人深夜在日记本上涂抹潦草的诗句，把"为什么我总不够好"改写成"我正在成为自己的版本"。烦恼从未消失，但它们渐渐被新的认知拆解，在行动中拼出一幅名为"成长"的图景。

（三）化解烦恼的实用方法

1. 设定情绪标签

当感到烦躁时，用具体词汇描述情绪，如"我现在的感觉是委屈加害怕，因为朋友误会我了"，避免笼统的"烦死了"。

2. 15分钟宣泄期

设定闹钟，允许自己在这段时间内大哭、喊叫或捶打枕头，时间一到立即停止，告诉自己："我已经释放了情绪，接下来要冷静处理。"

3. 用"行动清单"打破焦虑循环

例如，自己做个烦恼拆解表。

烦恼来源	可控部分	不可控部分	我能做什么
数学考试不及格	刷题巩固错题	考试难度	每天做2道同类题型
和父母吵架	主动沟通表达需求	父母的固执	写一封信说明真实想法

4. 寻求信任的"树洞朋友"

约定"树洞时间"，每周与信任的朋友互相倾诉，但需遵守"不翻旧账、不传播秘密"的规则。

5. 转移注意力的感官聚焦

烦恼时专注感受一件事的细节，比如观察一朵花的颜色层次、听雨声的节奏，用感官体验"拉回当下"。

创意输出，通过绘画涂鸦、写诗、剪辑短视频等方式，将情绪转化为作品。

二、完善自我，发挥潜能

在法国野外一个军用飞机场，飞行员桑尼尔正在专心致志地用水枪清洗战斗机。突然，他感觉有人拍了一下他的后背，回头一看，竟然是一只硕大的狗

熊举着前爪站在他背后！他迅速把水枪转向狗熊，但也许用力过猛，水枪竟在这万分紧急的时刻从手上滑落，而狗熊已经扑过来……他闭上双眼，用尽吃奶的力气纵身一跃，跳上了机翼，然后大声呼救。警戒所的哨兵听到呼救跑出来，把狗熊击毙了。

事后人们大惑不解，机翼离地面起码有2.5米高，桑尼尔在没有助跑的情况下居然跳了上去，可能吗？桑尼尔事后又试验了无数次，再也没能跳上机翼。

一位研究人体潜能的专家说："此事完全有可能发生。人在遇到危急情况时，能激发出人体所潜藏的超常能力。情况越危急，潜能越易发挥，而在平常情况下，潜能皆处于沉寂状态"。我们的体内到底蕴藏着怎样的潜能？它们能使自我达到怎样的高度？有多少潜能一生沉寂，从未被我们知觉和使用？

青少年期是人生中身心发展最迅猛的阶段，也是完善自我与激发潜能的黄金窗口期。青春期不是被动等待的时期，而是主动创造可能性的战场。这一时期的你若能主动探索自己的潜能，就能激活未来发展的无限可能。

人具有不断完善自我、追求自我实现的内在动力，自我实现是人最高层次的需求，是一种令人神往的理想状态。

什么是完善自我？

完善自我就是给自己的人生"升级系统"，通过持续地学习、反思和行动，让自己变得更强大、更完整。它不是追求完美，而是不断靠近更好的自己。完善自我的核心是，认识自己的优点和不足，主动调整习惯和能力，例如改掉拖延症、学会时间管理。

为什么需要完善自我？

世界在快速变化，比如AI技术、新职业出现，只有不断学习才能不被淘汰。

中学时期免不了遇到困难，如成绩停滞、人际关系紧张，完善自我能帮你找到解决方法。

完善自我让你更了解自己，能掌控自己，焦虑减少，自信增加。完善自我也为潜能发挥做了准备。

美国著名心理学家、哲学家威廉·詹姆斯曾指出，每个人身上都潜藏着无限的能力，普通人只发挥了他们全部潜能的极小部分。每个人的大脑里藏着一座未被开采的金矿，科学家说它至少能让你变得更聪明、更强大——这就是你的"潜能"。

婴儿出生时，大脑约有1000亿个神经元，但只有约15%的"电线"（神经连接）被接通。青春期正是疯狂接线的黄金期，每天都有新的"电路"在生长！青春期大脑像一块刚买的电池，容量超大但需要激活。每天学新技能、背单词、解数学题，就像是在给大脑"充电"，让它能储存更多知识、反应更快。所以青春期的你拥有着巨大的潜能，我们要去按下启动按钮，释放我们的潜能。

有这样一句话："在这个世界上，你是独一无二的，你生下来是什么，这是别人给你的礼物；你将成为什么，这是你给别人的礼物。"

别人给你什么礼物，你无法选择，但你给别人的礼物——你将成为什么样的人，主动权则在你自己。正确认识自己、积极接受自己、不断完善自己、勇于超越自己，才能走向成功的自己。

潜能开发是给未来的自己买保险！就像小时候学骑自行车，当时觉得累，但长大后发现这项技能能通勤、健身，甚至旅行。今天埋下的潜能种子，未来会变成救命稻草或王牌武器。从今天开始，每天做1件"有点难但好奇"的事，坚持30天，你会发现自己的人生像打开了一扇神奇的大门，会向着越来越好的方向大步前进。

完善自我的方法如下：

（1）认识自己　拿出一张纸，写下你擅长的事，例如画画、唱歌、讲故事；写下喜欢做的事，例如运动、拆解电子产品，这些就是你的"潜能宝藏"。

（2）每天问自己　今天哪里做得比昨天更好？记录下来，你会变得越来越自信。

（3）制订行动计划，并拆解目标　例如想提高成绩，拆成小步骤：每天背10个单词→每周复习一次→每月进行模拟测试。

（4）挑战"有点难"的事　让大脑变强壮，刻意练习自己觉得困难的事情；让自己完全投入某件事，例如学一套新武术、画一幅画、唱一首新歌，忘记时间，这就是在告诉大脑：我在飞速进步！

（5）用"复盘法"改进　每天花5分钟问自己："今天哪件事做得好？"奖励自己；"哪里可以改进？"例如下次考试前多刷容易出错的试题。接受不完美，允许自己犯错，但每次犯错后要问自己："我能从中学到什么？"

（6）用"未来眼睛"看现在　想象5年后的自己，想成为什么样的人？倒推现在该做什么？每天进步1%，坚持365天，你会强大3～4倍。

三、理性自我，化解叛逆

了解了逆反心理的表现和成因后，关键在于疏导这种能量，将其转化为成长动力。

1. 完全放任与过度控制同样有害，理想状态是民主协商

中学生要积极参与班级会议、家庭会议，参与规则制订，共同讨论作息时间、手机使用等规则，达成"班级契约""家庭契约"。要明确违规后果且认真执行，同时保留重新协商的空间。

2. 情绪调节训练至关重要

鉴于青少年大脑情绪调节功能尚未成熟，中学生掌握情绪管理技巧非常必要。要学会识别情绪信号（如握拳、心跳加速是愤怒的征兆），练习深呼吸（吸气4秒—屏息4秒—呼气6秒），正念冥想（专注当下不评判）等。一个有效工具是"情绪温度计"——每天给自己的情绪打分并记录触发事件，几周后就能识别情绪触发信号并提前预防。16岁的"逆反症"患者小张通过这种方法，情绪爆发次数减少了70%。

3. 重构逆反能量的引导策略

逆反本质是精力旺盛的表现，关键在于建设性引导。鼓励参与体育、艺术等需要热情的活动或社会公益项目，既能释放能量又能获得成就感。例如，爱争论的青少年可以参加辩论赛；具有反抗权威倾向的青少年可以组织开展校园改革提案。某中学将经常违纪的学生组成"校园改善小组"，让他们牵头解决食堂排队问题，结果这些学生的违纪行为减少，领导能力反而得到展现。

4. 改善家庭和学校环境

家庭治疗中有个著名比喻："孩子是家庭系统的症状携带者"，改变往往需要从成人开始。家长应少命令、多倾听，给孩子有限选择，允许不危险的试错，明确底线。学校则应注重师生关系和谐，教师的一个微笑、一次课间闲聊都能显著降低学生的逆反行为。研究显示，感受到教师关心的学生，即使被批评也更容易接受。

5. 专业干预的时机判断

当逆反行为伴随以下信号时，建议寻求帮助：持续时间超过6个月、严重影响社会功能（如长期逃学）、具有自我伤害或伤害他人倾向、物质滥用等。认知行为疗法（CBT）被证明对严重逆反特别有效。

6. 最新数字工具为逆反心理疏导提供了新途径

美国加州大学在2024年开发的青少年心理应用软件，通过游戏化方式训练青少年情绪管理和决策能力，实验组用户的冲动行为减少了40%。但需注意这些工具只是辅助，不能替代真实的人际互动。

不同情境下的逆反行为疏导策略如下。

情境	具体策略	心理学原理	预期效果
言语顶撞	暂停对话，约定冷静后讨论	避免情绪升级	减少无意义争吵
故意违规	共同制订规则及合理后果	自主需求满足	增强遵守意愿
情绪爆发	教授深呼吸、冷处理技巧	情绪调节训练	缩短发作时间
封闭自我	通过共同活动重建连接	安全依恋重建	逐步开放沟通
同伴不良影响	帮助建立健康社交圈	社会认同转移	减少从众逆反

这些方法的核心在于平衡自由与责任，给予青少年适度空间，同时要求他们承担相应后果；理解逆反是发展的需要，但不放任其破坏性行为。正如一位资深青少年心理咨询师所说："好的疏导不是消灭逆反，而是教会青少年用更有建设性的方式表达自主需求。"

青春期如同破茧成蝶，迷茫、烦恼与逆反是蜕变的必经之路；青春期亦是一场盛大的自我勘探，孩子们在泪水中淬炼韧性，在迷茫中校准方向，最终学会像对待一首未完成的诗般对待自己，允许潦草的字迹存在，珍视灵光乍现的顿悟，拥抱所有不完美的韵脚。

🔗 知识链接

树洞朋友

"树洞朋友"是一个比喻性的说法。树洞常被小动物藏身或存放物品，天然具有"容纳秘密"的特性。在文学和影视作品中，树洞被描绘为倾诉秘密的场所。"树洞朋友"就是指能倾诉和保守秘密的朋友。

"树洞朋友"本质上是一种情感容器，它的价值在于提供毫无负担的倾诉空间，是现代人应对复杂社交压力的一种策略。

常见的"树洞朋友"，如现实中亲密的朋友、家人或心理咨询师（需签保密协议）；虚拟平台上的匿名社交软件；部分聊天机器人被设计为"非人类树洞"，提供无压力倾诉环境。

为什么需要树洞朋友？因为人们需要释放压力、保护隐私、缓解孤独感。

需要提醒大家，树洞朋友不是专业的心理援助，严重的心理问题仍需寻求专业心理师的帮助。

阳光心态修炼馆

一、心理分析与思考

　　纽约市里士满区有所穷人学校，是贝纳特牧师在经济大萧条时创办的。1983年，一位名叫普热罗夫的法学博士在做研究时发现，50年来，该校毕业的学生在纽约警察局的犯罪记录最低。

　　普热罗夫对此做了长时间的调查研究。从80岁的老人到8岁的孩童，从贝纳特牧师的亲属到在校的任课教师，凡是在此学习和工作过的人，只要能打听到住址和信箱，他都给他们寄去一份调查表，询问"学校教会了你什么？"他共收到了3765份答卷，74%的人答道，母校让我们明白了"一支铅笔有多少种用途"。

　　普热罗夫专门走访了调查对象之一，纽约市最大的一家皮货公司老板。老板说："是的，当年贝纳特牧师教会了我们'一支铅笔有多少种用途'，我们入学后的第一篇作文就是这个题目。当初，我认为铅笔只有一种用途——那就是写字。后来渐渐知道了，铅笔不仅能用来写字，必要时还可以用作尺子画直线，能作为礼品送人表示友爱，还能当商品出售获利；铅笔芯磨成粉末后可以当成润滑剂，演出时可以当成化妆品；削下的木屑还可以做成装饰画；一支铅笔按比例分成相等的几份，可以当作玩具车的轮子；在野外遇险时，铅笔抽掉笔芯还可以当吸管吮吸岩石缝里的水滴；在遇到坏人时，削尖的铅笔可以当作防身的武器……一支铅笔有无数种用途。它让我们这些穷人的孩子明白，有眼睛、鼻子、耳朵、大脑和手脚的人更是有无数种用途，并且任何一种用途都足以使我们活下去。我本人原来是电车司机，后来失业了。现在，你瞧，我是皮货商人。"

普热罗夫后来又采访了一些贝纳特学校的其他毕业生，发现无论当年他们的成绩是好是坏，智商是高是低，如今都有一份职业，都生活得快乐而满足。

从自我意识和潜能发挥的角度，谈谈本文给了你什么启发？

二、心理自我疏导

1. 与身体和解

①身体优点日记。每天记录1件身体做过的事，而非只关注外貌。

②健康契约。与自己约定每天运动的时间，用行动改善体态而非节食减肥。

2. 性格特质的解读

①内向者优势卡。制作卡片写下我的优势、特长，贴在书桌前。

②外向者调节术。用"充电时间表"管理社交，避免过度消耗能量。

3. 接纳不完美的自己

①错误勋章墙。把考试失利、比赛落选等经历写在纸条上，折叠成勋章形状挂起来，提醒自己"失败是成长的证据"。

②对比对象替换。停止与他人比较，改为记录自己的进步。

4. 建立"自我关怀系统"

①能量补给站。准备一个盒子，放入巧克力、暖手宝、励志便签，情绪低落时从中选一件进行自我安抚。

②未来信件计划。给一年后的自己写信，描述此刻的烦恼和期待，存放至重要时刻再打开，见证成长。

5. 自我按下"挑战按钮"

让大脑"发烧"，选一件"跳一跳就够得到"的事（比如从只能做5个俯卧撑到10个）。当你咬牙坚持时，大脑会分泌脑源性神经营养因子，这能让你的记忆力、反应速度飙升，大脑越挑战越兴奋。

6. 错题本魔法

把"翻车"变"开挂"，怎么做？准备个小本子，记录搞砸的事和改进办法，坚持记录的人会越来越优秀。

7. 5分钟启动术

如不想学习，告诉自己："只学5分钟！"

脑科学原理揭示，一旦开始行动，大脑会分泌多巴胺，像刷短视频一样停不下来！实验数据显示90%的人用此方法后，学习时间自动延长到25分钟以上。

8. 提升建议

①写自我观察日记，记录每天的情绪、行为和决策动机。

②询问信任的人，请好友或家人客观评价你的特点。

③练习决策，从小事（如选晚餐）开始独立做选择。

三、心理修炼活动

（1）列出自己的长处，并写明每一条长处是怎么来的，主要受了谁的影响，说明这些长处对今后发展的好处。

（2）列出自己的欠缺及不足，并写明每一条不足是怎么来的，主要受了谁的影响，说明这些不足对今后的发展会造成什么样的障碍和限制。

（3）在欠缺和不足中找出自己不可改变的，说出其中至少一项好处。

（4）在欠缺和不足中找出自己可以改变的，提出改变计划。

①确定改变内容　我要改变什么。

②确定目标　要达到什么目的。

③制订计划　如何改变自己。

④实施计划　并确立检查措施。

第二篇

你乐观吗

导语

　　在这个篇章中，我们将一起学习如何用积极乐观的眼光看待世界，学会怎样拥有一双发现美的眼睛，在日常生活中去摆脱负面情绪的困扰，拥有更多快乐的时间。人不能选择生活，但能选择生活的态度。积极的生活态度就是一种强大的精神力量。心态的力量是无穷的，它能够影响我们的思考方式、情绪反应，甚至身体健康和人际关系。

　　让我们翻开这一篇，开始一段心灵成长的旅程。学习本篇，我们每个人都能培养出一个更加坚韧、积极、充满阳光的心态。让我们一起迎接挑战，拥抱变化，用阳光心态点亮自己的青春之路。

第一节｜乐观是快乐的情绪，也是一种心态

　　热地亚是银行的职员，他的心情总是很好。当有人问他近况如何时，他总会回答："我快乐无比。"他说："每天早上，我一醒来就对自己说：热地亚，你今天有两种选择，可以选择心情愉快，也可以选择心情不好——我选择心情愉快；每次，有坏事情发生，我可以选择成为一个受害者，也可以选择从中学些东西——我选择后者。人生就是选择。归根结底，是你自己选择如何面对人生。"

　　有一天，银行遭遇了三个持枪歹徒的抢劫。歹徒朝他开了枪。幸运的是发现较早，热地亚被及时送进了急诊室。经过18个小时的抢救和几周的精心治疗，他出院了，只是仍有小部分弹片留在他体内。6个月后，一位朋友见到了他，问他近况如何，他说："我快乐无比。想不想看看我的伤疤？"朋友看了伤疤，然后问当时他想了些什么。热地亚答道："当我躺在地上时，我对自己

说有两个选择：一是死，一是活。我选择了活。医护人员都很好，他们告诉我，我会好的。但在他们把我推进急诊室后，我从他们的眼神中读到了'他是个死人'。我知道我需要采取一些行动。""你采取了什么行动？"朋友问。热地亚说："有个护士大声问我对什么东西过敏。我马上回答'有的'。这时，所有的医生、护士都停下来等我说下去。我深深吸了一口气，然后大声吼道：'子弹！'在一片大笑声中，我又说道：'请把我当活人来医，而不是死人！'"

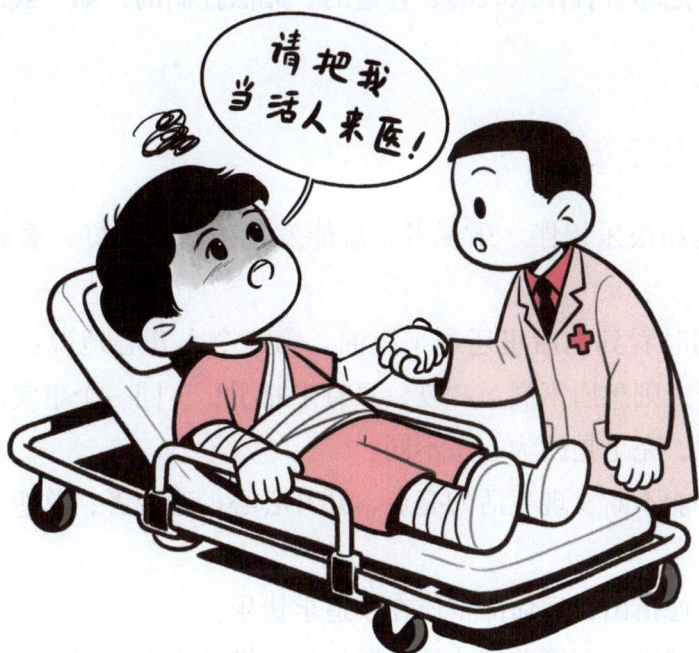

启示： 人人有情绪，但不是人人都能管理好自己的情绪。热地亚用乐观的情绪，救了自己，也感染着我们。选择情绪，就是选择自己生活的色彩。"一种美好的心情比十付良药更能解除生理上的疲惫和痛楚。"积极的情绪，就是一种强大的精神力量。

一、什么是乐观

乐观是一种倾向于积极结果的心理倾向。它既表现为一种快乐的情绪状态，如今天心情好，觉得一切都会顺利；也体现一种稳定的心态，如相信"困难总会过去"。

心理学家马丁·塞利格曼指出，乐观的核心是解释生活中的事件。

乐观者：把坏事看作暂时的、局部的、可改变的，如"这次没考好，但我下次能进步"。

悲观者：把坏事看作永久的、普遍的、无法控制的，如"我总是考不好，我就是笨"。

二、乐观的人天天快乐

乐观总是和快乐相伴。乐观者，总能发现生活的美好，看到希望，找到快乐。

两个人同时看到油瓶里还剩半瓶油。第一个人开心地说："呀，还有半瓶！"第二个人则愁眉不展："哎，只有半瓶了！"同一个事实面前，前者乐观，后者悲观，完全是因为心态不同。

乐观者，能不断发现生活的亮点，开开心心；悲观者，总怨天尤人，庸人自扰。

亚里士多德指出，生命的本质在于追求快乐。

快乐有很多种。有简单的快乐，譬如说，饿了，吃饱就快乐；困了，睡觉就快乐；听个笑话，哈哈一笑，快乐。也有高层次的快乐，譬如经历苦痛和艰苦努力得到的快乐，失败后的成功，坚持中的升华，离散后的团聚。高层次的快乐无一不伴随着巨大的痛楚，也正是这些"痛"，令这些"快乐"变得如此珍贵，"宝剑锋从磨砺出，梅花香自苦寒来""不经历风雨怎么见彩虹"都是说的这个道理。

　　快乐是个人的心理感受，每个人都有自己的赏心乐事，不过每个人的快乐不一样而已，因为判定快乐的标准不同。因此我们无须用别人的快乐来判定自己的生活，自寻烦恼。

　　人，在大千世界中其实非常渺小，心放宽，不要纠结那些烦人的、龌龊的事，珍惜生命，平平安安，好好把握每一分每一秒，做自己想做的事，快快乐乐地迎接每一天的晨曦。

三、乐观是快乐的情绪，也是心态

（一）心态与情绪

　　心态是一个人对世界、自我和未来的稳定认知模式。它是长期形成的，不易突变。心态影响整体生活态度，心态积极的人坚信努力有用。面对失败和批评，心态积极的人想"如何改进"，消极的人则认为"我被否定了"。

　　情绪是对外界刺激的即时心理、生理反应，如快乐、愤怒、焦虑等。情绪往往很短暂、波动性强，如因一句话瞬间生气，几分钟后就好了。情绪往往与具体事件相关，如考试得高分高兴，被朋友误解难过。

　　情绪：像天气，来得快去得快。

　　心态：像气候，是稳定的认知模式。

（二）乐观具有情绪与心态的双重维度

　　乐观作为情绪。①短暂、情境化：比如考试前突然觉得"这次一定能行"，但过后可能消失。②受外界影响大：听到好消息会短暂乐观，遇到挫折可能立刻消极。情绪与大脑的多巴胺（奖励激素）分泌相关，分泌多巴胺能让人感到愉悦和希望。

　　乐观作为心态。①稳定、长期：比如一个人总体上相信"努力会有回报"，即使偶尔失败也不动摇。②可培养：通过认知训练能增强心态。③影响行为：心态乐观的人更愿意坚持，比如运动员即使落后也相信能"翻盘"。

心态影响情绪：长期乐观的人，即使遇到挫折也更容易恢复积极情绪。

情绪积累塑造心态：如果一个人反复经历积极情绪，如多次成功，也会逐渐形成乐观心态。

乐观像一棵树：情绪是树叶，随风摇摆但生生不息；心态是树根，扎得越深，越能对抗风雨。

第二节 | 情绪管理：让情绪活起来

我们知道了情绪和心态，也知道了中学时代是情绪多变的时代，我们该怎样管理情绪呢？

一、更深入了解一下情绪

情绪究竟有多少种？至今仍无人能说得清。《礼记》把情绪分为喜、怒、哀、惧、爱、恶、欲七种；到了近代，西方学者常把情绪分为快乐、愤怒、悲哀、恐惧四种，它们通常被认为是最基本的情绪形式。现代心理学则做了较细的区分，把情绪分为积极情绪和消极情绪两大类。把对人的行为起促进和增力作用的情绪如高兴、快乐等统称为积极情绪，把对人的行为起削弱和减力作用的情绪如恐惧、悲哀等统称为消极情绪。

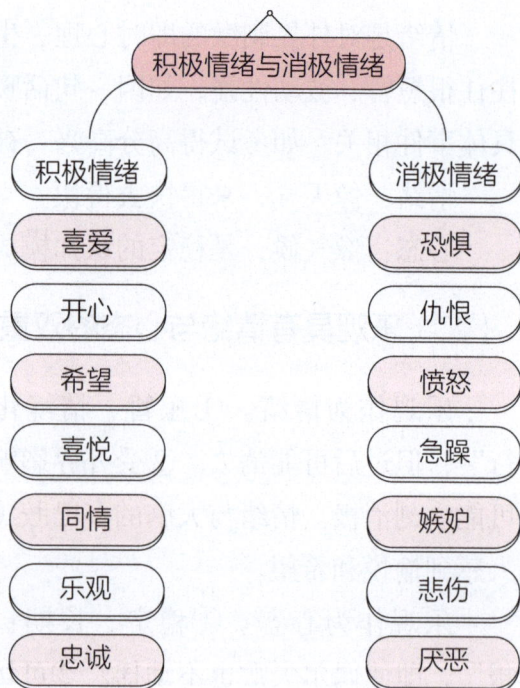

积极情绪与消极情绪

积极情绪	消极情绪
喜爱	恐惧
开心	仇恨
希望	愤怒
喜悦	急躁
同情	嫉妒
乐观	悲伤
忠诚	厌恶

根据情绪发生的强度、速度、持续时间的长短，还可以把情绪状态划分为心境、激情、应激等。

心境是一种比较平静、持久的情绪状态，具有弥漫性。某种心境一旦产生，它便会影响到人们的生活和工作，使人们的言行、思想及所有接触到的事物均带上某种情绪的色彩。例如当一个人心境不好时，即使是阳光明媚的日子，在他看来也是阴云密布；而当一个人的心境愉快舒畅时，即使是真正的阴云密布，大雨滂沱，他也会觉得这雨声是如此地动听悦耳。

激情是一种强烈、短暂、突发性的情绪状态。激情状态常常伴随着明显的生理变化和外部行为表现，如盛怒时拍案而起、暴跳如雷；狂喜时哈哈大笑、手舞足蹈。人在激情状态下理性分析能力下降，自我控制能力减弱，行为容易出现失控。

应激是人们在生命或精神处于异常紧张情况下所产生的情绪状态。在现实生活中，人们往往会遇到突然发生的事情或偶然发生的危险，这要求迅速地集中自己的智慧和经验，动员全身的力量，采取相应的行为。例如，十几岁的女孩情急之下，奋不顾身从激流中救出遇难的婴儿，这就是紧急状态下人们迸发出的神奇力量。

中等程度的应激状态会对人的行为产生积极作用，使个体能更好地发挥积极性，思维清晰、反应灵敏，但应激也会给生理、心理和行为带来负面影响。

中学生的激情状态值得特别关注，中学生容易激动，也容易失控。这与青春期的生理发育相关。

二、管理情绪的含义是什么

心理学家发现，人的情绪如同眼睛一样也有"盲点"，它主要包括三个方面：一是不了解自己的情绪变化；二是不会控制自己的情绪变化；三是不体谅别人的情绪变化。如果不能很好地控制自己的情绪，就会成为情绪的奴隶，在极端的情绪状态下失去应有的判断力，做出极端的行为，甚至会造成不可挽回的伤害和损失。

消极情绪是心魔，你不能控制它、管理它，它就会摧毁你。

什么是情绪管理？情绪管理是通过有效的方法，合理地控制和调节自己的情绪，使自己总是处于一种积极的情绪状态。作为积极情绪的乐观，既是情绪管理的目标，也是情绪管理的基础。乐观心态的人总是想把自己的情绪管理好，保持积极和快乐。

有一则故事，说的是作者曾雇了位木匠帮他修建农舍。结果，那一天非常不走运：电锯坏了，老式敞篷卡车动不起来了，干不成活了，只好把木匠送回家。木匠到家后，在院子外的一棵小树旁停留了片刻，双手碰了碰枝头。然后，阴云密布的脸马上变得笑逐颜开，他拥抱了孩子，亲吻了妻子。是什么使木匠变得如此开心？原来，那是他的烦恼树。木匠说，自己无法避免工作上出问题，但是有一点可以肯定，烦恼不应该属于家中的孩子和妻子。于是每天晚上回家时，他都把烦恼挂在树上，第二天早上再捡起来。却发现，每当早上去捡起烦恼时，它们总比前一天晚上少了许多。

这个故事告诉我们：生活中，烦恼不可避免，但每个人对待烦恼的态度却不完全相同。善于调节管理情绪的人，总是保持一种乐观积极的心态。

所有的情绪都是必要的。情绪管理并不是要去除或压抑情绪，而是调节情绪强度与持续时间。心理学称"情绪调节策略"。我们对于情绪的态度应该是：在觉察情绪后，允许并接纳其存在，并调整情绪的表达，做到以适当的方式，在适当的情境，表达适当的情绪。

三、情绪管理的重要性

（一）管好情绪，它能成为行动的动力

情绪具有激励作用，情绪能够激发和引导行为。有时我们会努力去做某件事，只因为这件事能够给我们带来愉快与喜悦。

从情绪的动力性特征看，分为积极增力的情绪和消极减力的情绪。快乐、热爱、自信等积极增力的情绪会提高人们的活动能力，而恐惧、痛苦、自卑等消极减力的情绪则会降低人们活动的积极性。有些情绪同时兼具增力与减力两种动力性质，如悲痛可以使人消沉，也可以使人将其化为力量。

（二）调控情绪，它会使你更聪明

情绪对于人们的认知过程具有调控作用。大量研究表明：适当的情绪对人的认知活动具有积极的组织功能，而不当的情绪对人的认知活动具有消极的瓦解功能。

轻度紧张、适度焦虑，相当于神经内分泌功能的总动员。这时人们会调动自己生理、心理的各种积极因素，以应对紧急情况，有助于临场发挥。但是，如果过分紧张、过度焦虑，会出现精神疲劳和心理疲劳的现象，影响能力的发挥。

考试焦虑就是一个典型例子，一般来说，中等程度的紧张是考试的最佳情绪状态，过于松弛或极度紧张都不利于考生正常水平的发挥。可见，情绪的好坏与唤醒水平高低会影响到人们的认知效果。

（三）良好情绪，对健康的作用巨大

情绪对健康的影响作用是众所周知的。良好的情绪，能使免疫系统和体内化学物质处于平衡状态，增强对疾病的抵抗力，不良的情绪则是造成各种疾病的原因之一。

我国古代医书《黄帝内经》中就有"怒伤肝，喜伤心，思伤脾，忧伤肺，恐伤肾"的记载。有许多心因性疾病与人的情绪失调有关，如溃疡、偏头痛、高血压、哮喘、月经失调等。有些人患癌症也与长期心情压抑有关。

一项长达30年的关于情绪与健康关系的追踪研究发现，年轻时性情压抑、焦虑和愤怒的人，患结核病、心脏病和癌症的比例是性情沉稳的人的4倍。

曾有人说过，一个小丑进城胜过一群医生，就非常形象地说明了情绪对人身体健康的影响。

（四）关注情绪，它可以传递信息

情绪的外部表现是表情，表情具有信号传递作用，属于一种非言语性交际。人们可以凭借一定的表情来传递情感信息和思想愿望。心理学家研究发现，在日常生活中，有55%的信息是靠非言语表情传递的，38%的信息是靠言语表情传递的，只有7%的信息才是靠言语传递的。

表情是比言语产生更早的心理现象，在婴儿不会说话之前，主要是靠表情来与他人交流的。表情比语言更具生动性、表现力、神秘性和敏感性，人们可以通过表情准确而微妙地表达自己的思想感情，也可以通过表情去辨认对方的态度和内心世界。情绪表情被视为人际关系的纽带。

（五）情绪具有感染和迁移的力量

人的情绪具有感染性。如看到别人哭时我们也会悲伤，别人的快乐也会传递给我们。人与人之间正是因为存在情绪的感染，才能做到以情动情。

情绪的迁移是指你对他人的情绪会迁移到与他人有关的对象上，"爱屋及乌"就是这种效能的说明。学生会因为喜欢某位教师而喜欢他所教的学科，这就是情绪的迁移。

第三节｜情绪自测

一、量表内容

请根据你的真实感受完成下表的选择（每题1～5分）。

中学生乐观倾向自测量表

	题目	评分
1	我相信好事总会发生在自己身上	1 2 3 4 5
2	即使遇到困难，我也觉得未来会变好	1 2 3 4 5
3	我总能想到办法解决学习或生活中的问题	1 2 3 4 5
4	如果一件事可能出错，我就担心它真的会出错	1 2 3 4 5
5	我对未来的事情常常往坏处想	1 2 3 4 5
6	我觉得自己很难改变糟糕的处境	1 2 3 4 5

注：1—完全不同意，2—不太同意，3—中立，4—比较同意，5—完全同意。

二、评分与解释

总分计算：正向题（题1~题3）直接计分；反向题（题4~题6）反向计分（反向计分：1→5，2→4，以此类推）；加和得总分，总分范围为6~30分。

≥24分：乐观倾向显著，可积极应对压力。

18~23分：中等乐观，心态较平衡。

≤17分：倾向悲观，建议培养积极归因方式。

三、维度说明

（1）未来期望（题1、题2）：对积极结果的预期。

（2）自我效能（题3、题6）：对问题解决能力的信心。

（3）消极预期（题4、题5）：悲观思维的频率（反向）。

四、使用说明

（1）本量表适用于12~18岁青少年自评，需在平静状态下完成。

（2）单次测量结果不能定义个人性格，建议动态追踪（如每月一次）。

（3）若总分持续≤15分，可结合《青少年抑郁量表》进一步筛查。

出处：辛自强等改编的LOT-R量表——国际公认的乐观测量工具（国内修订版）。

第四节｜了解消极情绪：焦虑、暴躁、抑郁

每个人都会出现消极情绪，通过自我排解和疏导，很快就会过去。这样的经历不是坏事，它让你积累阅历，形成积极的心态，还可以提升你的情商。但如果陷入消极情绪，无法自拔，那就容易变成心理"疾病"了。

中学生因处境和心理、生理特点，容易产生焦虑、暴躁、抑郁等消极情绪，我们一起了解一下吧！

一、焦虑

案例： 小林学习很好，在班上考试常常是前几名。他很努力，但总担心"下次考不好"。临近考试，他就会坐立不安，甚至失眠、手抖，持续一个月。

焦虑是十分常见的现象，是对未来威胁的过度警觉。在面临威胁或预料到某种不良后果时，产生的不安、紧张、害怕、担忧等混合的情绪即为焦虑。焦虑也体现在身体上，如肌肉紧张、出汗、嘴唇干裂和眩晕等。

焦虑是中学生常见的情绪状态，当在学习、工作、生活等方面遭遇挫折，或担心需要付出巨大努力的事情来临时，便会产生这种体验。

焦虑的影响是复杂的。实验证明，轻度焦虑能使人维持适度的紧张状态，注意力高度集中，促进学习。但过度焦虑则会带来不良影响，甚至导致心神不宁、思维混乱、注意力不集中，甚至记忆力下降，同时还容易产生头痛、失眠、食欲不振、胃肠不适等不良生理反应。

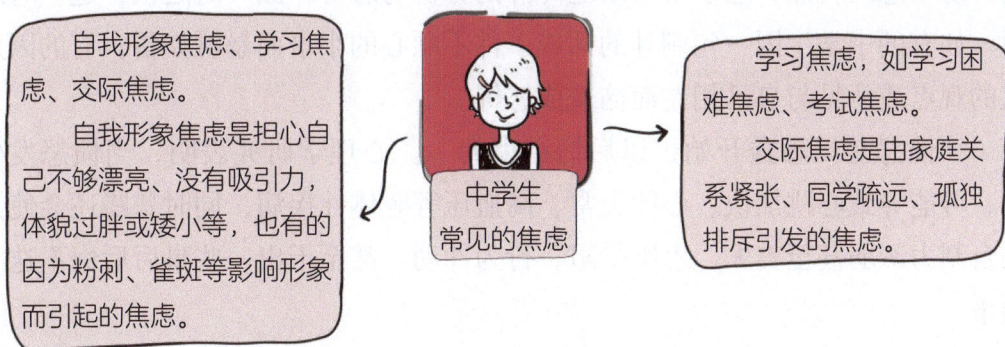

自我形象焦虑、学习焦虑、交际焦虑。

自我形象焦虑是担心自己不够漂亮、没有吸引力，体貌过胖或矮小等，也有的因为粉刺、雀斑等影响形象而引起的焦虑。

中学生常见的焦虑

学习焦虑，如学习困难焦虑、考试焦虑。

交际焦虑是由家庭关系紧张、同学疏远、孤独排斥引发的焦虑。

心理学把焦虑视为完美主义+灾难化思维的产物。比如像小林，太渴求名列前茅，把考砸了视作人生完蛋了，这样怎么能不焦虑啊。

二、暴躁

案例：同学小武，爱发脾气，一次他回宿舍晚了点，看到他的书桌好像被人翻动了，火气马上升起来。他拿起一个凳子，向站在他桌边的同学砸去。被砸的同学鲜血直流。同学们赶忙劝住，送受伤的同学去了医院。两天后，小武受到了学校处分。

在心理学的广阔领域中，"野马结局"是一种广为人知的效应：体形健硕的野马常常因吸血蝙蝠的攻击而丧命。然而，深入研究发现，真正导致野马死亡的并非失血，而是其因愤怒产生的暴怒与狂奔。换言之，野马是被"气死"的。这一现象深刻揭示了暴躁的代价，值得我们每个人深思。

暴躁易怒是当愿望无法实现时内心产生的一种激烈的情绪反应。愤怒本身是一种强烈的、完全正常的人类情感，它能够给予我们力量，激励我们克服障碍、解决问题，达到我们的目标。但是，如果情绪调节系统短暂失控（像刹车失灵的汽车），不能积极有效地处理愤怒，它就变成了暴躁，会使我们做出攻击性言行，伤害健康、伤害他人，影响人际关系。

处于精力充沛、血气方刚的中学生，在情绪情感发展上往往容易产生好激动、易动怒的特点，遇事常常缺乏冷静的分析与思考，图一时之快，逞一时之勇。如有的中学生因一句刺耳的话或一件不顺心的小事而暴跳如雷；有的因别人的观点或意见与自己相左而恼羞成怒等。

"愤怒是以愚蠢开始，以后悔结束的"。心理学研究表明，当愤怒发生时，可能导致心跳加快、心律失常、高血压等躯体性疾病，同时暴躁还会使人的自制力减弱甚至丧失，思维受阻，行为冲动，甚至干出一些事后后悔不迭的蠢事。

古人云："燥性者火炽，遇物则焚。"容易发怒之人，恰似熊熊烈火，遇事便燃，不仅会灼伤他人，更会焚毁自己。爱发脾气者，肝火易旺，健康会逐渐远离；情绪时常失控，朋友也会渐行渐远。可以说，每一次肆意发脾气，都是在为自己招来不幸。

暴躁在生理原因上是情绪调节系统短暂失控，易感受他人的"挑衅"。同时家庭影响不可小觑，暴躁常常是模仿父母处理冲突的方式。

三、抑郁

案例：小宇，15岁，初三学生，原本性格内向但成绩优秀，升入初三后，学业压力骤增，加上父母的压力和频繁的争吵，他逐渐出现抑郁症状。

小宇变得沉默寡言，经常独自哭泣，对以往喜欢的篮球和音乐也失去兴趣。他每晚难以入睡，即使睡着也容易早醒，白天精神萎靡。他开始厌学，多次向父母表示"不想上学"，出现逃课行为，甚至有自残行为（被发现手臂上有刀划的伤痕，但拒绝解释原因）。

直接原因：学业竞争激烈，小宇因成绩下滑感到极度焦虑。

父母长期争吵，并常拿他与亲戚家孩子比较，使他产生"不被爱"的绝望感。因性格内向，他在班级内没有知心朋友，感到孤独无助。

小宇的例子并不少见。抑郁是中学生常见的情绪困扰，是一种感到无力应对外界压力而产生的消极情绪，常有厌恶、痛苦、羞愧、自卑等情绪体验；也是中学生心理发展尚不成熟的伴生情绪。

抑郁人皆有之，对于大多数人来说，抑郁只是偶尔出现，时过境迁，很快会消失；但那些性格内向、多疑多虑、不爱交际、生活中遭遇意外挫折的人，更容易长期处于抑郁状态，甚至患上抑郁症。

抑郁症是一种持续时间较长的低落、消沉的情绪体验。抑郁症的常见表现如下：

情绪体验

当事人体验不到生活、学习的乐趣，对所有活动失去兴趣，渴望一个人独居。

身体症状

常常感觉乏力，起床变得困难，睡得太多或者早晨醒得太早。也可能出现饮食紊乱，吃得过多或过少，从而体重激增或剧减。

思维方式

注意力不集中、记忆力衰退或者很难做出决定，消极地看待世界，不适当地责备自己，对未来感到悲观。

一部分中学生由于不喜欢学习，感到前途渺茫；或是由于人际关系处理不当、家庭等问题而情绪低落；或是缺乏归属感，被挫折感、失落感困扰，出现抑郁症状。

你读过《三国演义》吧？吴国的周瑜足智多谋，却因气量狭小，落得被气死的结局。你知道《红楼梦》中的林黛玉吧？林黛玉才华出众，却常因小事使性子，整日郁郁寡欢，最终香消玉殒于花样年华。

排解抑郁不是一件难事，特别对中学生。转移注意力，想开些，你就又会看到蓝天、白云、青草地。

🔗 知识链接

镜像神经元

生活中，你常常会遇到：

你看到别人打哈欠，自己也忍不住打哈欠。

看别人吃柠檬，你会不自觉流口水。

看篮球赛时，你的手脚会跟着运动员的动作暗暗使劲……

这些"自动代入"的感觉，其实就是镜像神经元在起作用。

什么是镜像神经元？它主要分布在大脑的运动皮层（负责动作控制的区域）。像一面"神经镜子"，别人做什么，你的大脑就会"模拟"同样的动作，虽然你没真动。镜像神经元最初在猴子大脑中发现，人类镜像神经元系统更复杂，但原理类似。

镜像神经元支配人的很重要的神经活动。

它让人具有"不用教就会"的学习能力。像婴儿通过观察大人说话时的嘴型模仿语言；看视频学跳舞时，大脑靠镜像神经元"预演"动作。

它让人具有共情能力。看到别人被针扎，你会皱眉——因为镜像神经元让你"感同身受"；电影里的悲伤情节能让你哭出来。

它也是社交互动的基础。使你能快速理解别人的意图，比如对方抬手是想握手还是打人。

镜像神经元就像大脑里的"模仿神器"，让你不用亲自经历，就能理解别人的动作、情绪和意图，是"共情"和"学习"的隐藏帮手！

第五节 | 人生就要乐观快乐

　　有一个男孩脾气很坏，于是他的父亲就给了他一袋钉子，并且告诉他，当他想发脾气的时候，就钉一根钉子在后院的围篱上。第一天，这个男孩钉下了40根钉子。慢慢地，男孩可以控制他的情绪，不再乱发脾气，所以每天钉下的钉子也跟着减少了，他发现控制自己的脾气比钉下那些钉子来得容易一些。终于，父亲告诉他，从现在开始，每当他能控制自己的脾气的时候，就拔出一根钉子。一天天过去了，最后男孩告诉父亲，他终于把所有的钉子都拔出来了。于是，父亲牵着他的手来到后院，告诉他说："孩子，你做得很好。但看看那些围篱上的坑坑洞洞！这些围篱将永远不能恢复从前的样子了。当你生气时所说的话，就像这些钉子一样，会留下很难弥补的痕迹，有些甚至是难以磨灭的呀！"

这个事例告诉你情绪是可以疏导的，平复的情绪可以慢慢地变成乐观的心态。

请你看两个小案例

案例1：愤怒控制

愤怒时先数10秒再说话，避免"杏仁核劫持"，减弱愤怒情绪，暴躁行为大大减轻。

案例2：考试焦虑追踪

某班考前学习"焦虑转化法"，把心跳加速解释为"身体在准备战斗"。考场发挥失常人数减少62%。

疏导、控制、转化就是在进行情绪管理，每个人都有管理自己情绪的大脑生理基础。

大脑科学：

管理情绪时，前额叶（理智）就像骑象人，杏仁核（情绪）是大象——训练骑术才能去想去的地方！

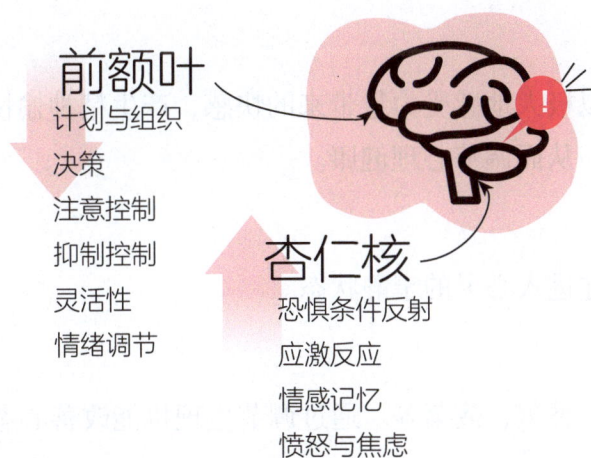

前额叶
计划与组织
决策
注意控制
抑制控制
灵活性
情绪调节

杏仁核
恐惧条件反射
应激反应
情感记忆
愤怒与焦虑

情绪管理能力，和前额叶及杏仁核的发育密切相关。

了解不同阶段大脑及情绪发育特点，顺应规律，更容易养出自信强大的孩子。

让我们疏导自己的消极情绪，快乐乐观起来，打造自己人生的最佳状态！

1. 焦虑疏导：五感接地技术

说出5个所见—4种所听—3种所触—2种所闻—1种所尝。

（现场示范：利用教室物品练习。走出焦虑，返回现实。）

2. 暴躁控制：温度干预法

立即喝冷水/握冰块，通过刺激迷走神经平复情绪。

（科学原理：低温降低心率。）

3. 抑郁自助：行为激活法

每天做1件小事（如给绿植浇水），完成后打√。

（解释：小成功修复多巴胺系统，打破消极循环。）

4. 音乐疗法

不同的音乐给你不同的心理暗示，并通过调节你的神经来缓解你相应的心理问题。

5. 运动疗法

在运动中可以极大地感受力量带来的快感，产生精神愉悦，并通过大量流汗排解体内毒素，从而调节心理健康。

6. 阅读疗法

阅读将引导你进入心灵的宁静状态。

7. 食物疗法

多吃深海鱼、香蕉、菠菜等。通过调节生理机能改善心态。

8. 大自然疗法

广阔的大自然是人类最好的心灵老师：大海教会你包容与宽容；高山教会你庄严与坚毅；辽阔的草原使你心胸宽广；柔美或壮阔的江湖让你心旷神怡。在大自然面前你会忘却一己之忧，得到心灵的洗涤与无穷的启发，旅游、踏青、郊游都对调节心理健康很有帮助。

9. 倾诉疗法

与朋友聊天、告诉亲人、写日记等都是行之有效的方法。

10. 兴趣疗法

高雅的兴趣爱好，往往可以使你的生活充满情趣，让你不至于在情绪低落时钻牛角尖，也可以让你在高雅的兴趣爱好中获得平衡与调节，从而得到快乐。（记住：打麻将、喝酒、泡歌舞厅等可不是高雅兴趣。）

乐观需要养护，它需要三种"营养水"：

1. 允许自己难过的勇气

2. 相信改变的希望

3. 每天一个小快乐的营养

记住，真正的乐观是看清生活真相，依然选择微笑！

🔗 知识链接

正念心理学

正念心理学是一种结合东方禅修传统与西方心理学的现代心理干预方法，核心是通过有意识地觉察当下（注意力集中在此时此地），以不评判的态度接纳自身体验，从而改善心理状态。其关键点如下。

专注当下：观察当下的身体感受、情绪和思维，而非沉浸于过去或未来。

不评判：以开放态度接纳体验，避免"好或坏"的二元评价。

觉察而非反应：觉察思绪但不被其裹挟（如意识到焦虑但不对抗）。

脑神经研究表明，正念练习能增强前额叶皮层（理性调控）功能，减弱杏仁核（情绪反应）过度激活。临床证实其对抑郁、焦虑、慢性疼痛等有缓解效果，可能通过降低反刍思维（过度纠结负面念头）实现。

正念练习打破自动化思维链条，增强情绪调节能力。通过接纳减少与负面体验的对抗消耗，提升心理弹性。如焦虑时，正念并非消除焦虑，而是觉察"我现在感到心跳加快、有担忧念头"，承认其存在但不陷入"我完蛋了"的灾难化联想。

简言之，正念心理学是通过训练专注与接纳的觉察能力，促进心理健康。其练习方法有：正念呼吸、身体扫描、静坐冥想、正念饮食、正念认知疗法、接纳承诺疗法等。

阳光心态修炼馆

一、心理分析与感悟

一个春天的早晨，小女孩推开一扇窗户，看见有人正在埋葬他心爱的小狗。小女孩深深地被狗主人与小狗的感情打动，不禁泪流满面，悲痛不已。她的祖父立即走过来，关上了那扇窗，顺手推开另一扇窗，并把小女孩带到新开的窗户前。他们看到：窗外，花园里阳光明媚，鲜花盛开，彩蝶翩跹起舞，小女孩立刻忘记了刚才的悲伤，露出开心的笑容。祖父抚摸着她说："傻孩子，你刚才开错了窗"。

看了这个故事，你有什么感悟？

一位老太太有两个宝贝女儿，一个卖鞋，一个卖伞。晴天，老太太担心大女儿的伞卖不出去；雨天，又担心小女儿的鞋子没人买，于是整天忧心忡忡，伤心哭泣。后来有个高人指点她：晴天的时候，你何不想想鞋子卖得快了，雨天的时候会有很多人买伞。这样一想，老太太果然天天有了快乐的心情。

同样一个情境，老太太的心情却大不一样。为什么？

二、心理自我疏导：消极情绪的疏导方法

1. 情绪识别训练

（1）制作"情绪温度计"　用0～10分量化情绪强度，培养自我觉察能力。

（2）绘制"情绪地图"　记录一周情绪波动与触发事件，如考试、朋友争执等。

2. 即时调节情绪技巧

90秒呼吸法　吸气4秒—屏息4秒—呼气6秒，重复至90秒或情绪平复。（利用生理机制中断情绪循环。返回现实调节情绪。）

3. 认知重构练习

（1）三栏表格法

自动思维（如"我肯定考不好"）

证据反驳（如过往考好的记录）

建设性想法（如"我可以重点复习薄弱环节"）

（2）灾难分级　将担忧事件按可能性分为1～5级，评估实际发生概率。

4. 表达性疏导

（1）情绪日记　用不同颜色代表喜怒哀惧，以图画或文字的形式自由表达。

（2）空椅技术　与引发情绪的对象进行虚拟对话。

三、心理修炼活动：乐观心态修炼体系

1. 解释风格重塑——乐观解释原因

乐观小人会说：

" 这次没发挥好
（暂时性）→只是数学需要加强
（特定性）→这次题目偏难+我复习
漏了重点（外部+可控因素） "

想象你考试
考砸了，脑
子里蹦出两
个小人：

悲观小人会说：

" 我永远学不好了
（永久性）→ 所有科目都
会完蛋
（普遍性）→ 都怪我太笨
（个人化） "

研究发现，用乐观方式解释挫折的学生：

✓ 考试成绩更高

✓ 生病次数更少

✓ 面对困难坚持更久

下次遇到糟心事，问自己三个问题：

这个情况会一辈子这样吗？

这件事会毁掉所有方面吗？

有多少是我的责任，多少是其他因素？

这就像给大脑安装"乐观滤镜"，刚开始可能觉得别扭，但练多了就会自动看到事情的光明面啦！

2. 优势养成计划

（1）每周记录3件个人成功小事　如主动回答问题。

（2）制作"优势卡片"　罗列自己5项核心优势，如肯坚持、有创意等。

3. 未来投射法

（1）设计"理想24小时"　详细描述未来某天从早到晚的理想生活状态。

（2）绘制愿景板　用描述或者手绘的方式呈现3年后的理想场景。

4. 抗逆力培养

（1）挫折情景模拟　预想可能的困难及3种解决方案，如考试失利后的补救步骤。

（2）榜样分析　研究你敬佩的人物遇到的3次挫折及其应对方式。

5. 日常实践方案

（1）晨间启动　2分钟积极暗示："今天可能发生的好事是……"

（2）晚间反思

①复盘。今日美好—今日挑战—明日改进。

②5分钟感恩日记。记录3件值得感谢的小事。

（3）每周特别任务

①实施"积极暂停"。情绪激动时暂停6分钟，进行涂鸦或散步。

②完成1次助人行为。

6. 支持系统建设

（1）创建"情绪急救包"　收藏鼓励短信、励志语录、治愈照片等。

（2）组建"成长小组"　3～5人互相分享每周的进步与困惑。

（3）设置"心灵导师"　选择1位信任的师长定期交流（建议每月1次）。

（4）注意事项

①情绪调节效果通常需要持续练习2～4周才会显现。

②当持续2周以上出现睡眠或食欲显著改变、社交回避等情况，建议寻求专业的心理帮助。

③家长或教师应避免否定式回应，如"这有什么好难过的"，改用"我注意到你最近……愿意聊聊吗？"

④这些方法结合了认知行为疗法、正念训练和积极心理学原理，建议先从1～2项简单易行的方法开始，逐步建立情绪管理习惯。持续实践能有效提升心理韧性，培养成长型思维模式。

第三篇

你自信吗

导语

自信是推动成长的重要力量。当我们站在篮球场边不敢接球时，当对老师的提问明明知道答案却低头回避时，我们心里那个小声说"我不行"的声音，其实就是自信正在向我们发出求救信号。今天，我们要一起解开这个影响我们成长的核心密码。

第一节 | 自信是积极的心理暗示

蓝小梅是名来自四川乡村的女孩，从小热爱音乐，在父亲和乡村音乐老师的鼓励下学习唱歌，梦想成为一名歌手。

18岁时，蓝小梅鼓起勇气参加城市音乐学院的考试，却因"乡村口音"和"不够专业"被评委嘲笑，信心受到重创。考试失败后，蓝小梅开始怀疑自己的音乐梦想，准备放弃并听从父母安排去县城工作，将吉他束之高阁。

接下来的几天，蓝小梅几乎足不出户。某天傍晚，敲门声打断了她的思绪。蓝小梅疑惑地打开门，惊讶地看到了一个熟悉的身影——李老师，她家乡的音乐老师，也是她音乐路上的启蒙者。

"我根本没有天赋，李老师。"蓝小梅哽咽着说，"我只是个乡下女孩，不该做这种梦。"李老师轻轻拨动琴弦，发出几个清脆的音符说道："小梅，你知道我年轻时也被音乐学院拒绝过三次吗？"

"第一次，评委说我音准有问题；第二次，说我乐理知识太差；第三次，说我的风格太老套。"李老师微笑着回忆，"每次失败后，我都和你现在一样，想把琴砸了再也不碰音乐。""我第四次尝试时，遇到了一个不同的评委。他说我的音乐里有种特别的东西——真诚。"李老师把吉他递给蓝小梅，"他说技巧可以学，但真诚是与生俱来的礼物。"

　　"小梅，你知道我为什么一直鼓励你学音乐吗？"李老师的声音变得柔和，"因为在你唱歌时，我看到了同样的东西——那种打动人心的真诚。这不是任何音乐学院能教出来的。"

　　那天晚上，蓝小梅和李老师聊到很晚。李老师告诉她，现在时代不同了，音乐的道路不止音乐学院一条。他建议蓝小梅尝试在网上发布自己的作品，让听众来评判。

　　送走李老师后，蓝小梅重新拿出笔记本，开始修改那些被自己否定的歌曲。她不再试图模仿城市歌手的风格，而是拥抱自己乡村的根。她写山坡上的野花，写梯田里的劳作，写奶奶讲的老故事。

　　一周后，蓝小梅录制了自己创作的歌曲，上传到了一个音乐分享平台。视频里，她穿着简单的衬衫和牛仔裤，背景是她租住房间的白墙。没有华丽的制作，只有她清澈的嗓音和真挚的情感。

三天后，当她鼓起勇气查看时，惊讶地发现视频已经有了上万次的播放量，数百条评论。

"天哪，这首歌让我想起了我的家乡！"

"声音太纯净了，没有任何修饰的美。"

"歌词写得真好，'山那边的风带着奶奶的呼唤'，我哭了。"

"这才是真正的民谣！"

蓝小梅一条条读着评论，泪水模糊了视线。其中一条特别引起了她的注意："你好，我是某音乐工作室的制作人，被你的音乐打动。如果有兴趣合作，请联系…"

她的手颤抖着点开那个账号，确认这不是恶作剧。这确实是业内小有名气的独立音乐工作室，以发掘原生态音乐人著称。

三个月后，蓝小梅的第一张专辑发行了。专辑封面是她站在家乡的山坡上，风吹起她的长发。音乐平台上的推荐语写道："最纯净的山野之声，带你回归音乐的本真。"

专辑发布当天，蓝小梅接到了李老师的电话。李老师激动得语无伦次："小梅！电台正在播放你的歌！全村人都听到了！你爸高兴得把家里最后一只鸡都宰了庆祝！"

蓝小梅笑着流泪。她看着窗外城市的灯火，想起了家乡的星空。她终于明白，自信不是没有怀疑，而是在怀疑中依然坚持；成功不是没有失败，而是在失败后继续前行。

那天晚上，她在日记本上写道："谢谢那个没有放弃的自己，也谢谢所有相信过我的人。山那边的风，终于吹到了更远的地方。"

蓝小梅的故事告诉我们：成功的关键是自信与坚持。自信不是没有恐惧，而是即使害怕也依然前行。她的逆袭证明，只要相信自己，普通人也能创造奇迹。

一、什么是自信

自信不是天生的超能力。心理学教授阿尔伯特·班杜拉告诉我们：自信是"对自身完成特定任务所需能力的判断"，就像大脑里的一个动态评分系统。有趣的是，有研究发现，人类大脑前额叶要到25岁左右才完全成熟，这意味着青少年时期的自信，是正在培养的"进行时"。自信是一种很优秀的心理品质，自信能笑迎风雨，创造奇迹。但面对自信，我们要破除三大迷思：

①自信不是"全知全能"。很自信的学霸也会说"这道题我需要再想想"。

②自信不是"永不犯错"。科比投篮命中率仅45%，却始终相信下一球必进。

③自信不是"固定特质"。就像肌肉可以通过锻炼变强，自信是可以培养的，就像故事里的蓝小梅。

二、自信的表现和形成

"心理自信"就像你心里住着个小太阳，既温暖自己又能照亮别人。这种状态有哪些表现？又是怎么悄悄在心里生根发芽的？

自信的人摔倒了会笑着拍拍灰，把尴尬瞬间变成段子。不是不尴尬，而是明白"搞砸"这件事本身，远没有自己想象中那么严重。

自信的人遇到心动的机会，第一反应不是"我不配"，而是"我想要，就去试试"。就像小朋友学走路，摔十次也挡不住第十一次的尝试。

自信的人看到别人成功时会真心鼓掌，同时清楚自己的独特价值，"别人很好，我也不差"。就像花园里不同品种的花，不应拿玫瑰的香气去否定向日葵的灿烂。

自信的人拒绝对方时心里很平静，能坦然说"这个我做不到"或"我不想帮忙"，不需要用讨好来证明自己值得被爱。就像一棵树，不需要所有鸟都喜欢它才能继续生长。

自信是怎么在你心中长出来的？

04.
环境的
正向反馈

01.
小成功
的积累

**自信心
来自**

02.
亲人的
鼓励

03.
和失败的
正确相处

05.
身体的
记忆训练

①来自小成功的积累。每次完成小目标，比如坚持健身一周或当众发言，大脑就像收到一颗星星。攒够一定数量，潜意识就会相信"原来我真的很不错"。

②来自亲人的鼓励。童年时父母和老师如果常说"你试试看""我相信你"，这些声音会内化成内心自信的背景音乐。这也是为什么成年后，真挚的鼓励依然有治愈力。

③来自和失败的正确相处。把失误看作"实验数据"而不是否定自己。就像科学家做实验，结果不如预期只会调整方案，不会质疑自己适不适合当科学家。

④来自环境的正向反馈。老师对主动举手的学生只给正向反馈，如"谢谢你的勇气"。一个月后，班级举手率从17%升至58%，后排学生参与度增长最明显。环境正向反馈直接塑造自信行为。

⑤来自身体的记忆训练。抬头挺胸走路、说话放慢语速，这些身体语言会反向刺激大脑产生自信感。有点像先摆出向日葵的姿势，心里就真的会暖和起来。

真正的自信不是永远昂着头，而是知道"低一次头也没关系"。它更像手机电量——有时满格，有时告急，关键是要记得自己永远带着充电器。

三、自信是积极的心理暗示

自信就像你心里住着一位温柔又坚定的朋友，总在你耳边轻声说着："你可以的，试试看嘛。"

你有没有过这样的体验？

上台演讲前，心里默念"我能讲好"，结果真的比想象中流畅；

遇到挑战时，告诉自己"大不了学点新东西"，反而做得还不错；

甚至早上照镜子时，对自己笑一笑说"今天气色不错"，一整天都会莫名轻快起来……

这些看似简单的念头，就像给大脑按下了一个"积极模式"的开关。

自信不是天生就有的超能力，而是一种"自我应验的预言"——你越相信"我能应对"，你的注意力就越会集中在解决方案上，而不是陷在焦虑里打转。

自信很像是"心灵的肌肉记忆"：

小时候学骑车，摔了几次后，爸妈在旁边喊"别怕，稳住把手！"后来你发现，真的能骑稳了。成年后的自信也一样，每次你克服一个小困难完成工作或学习任务，心里那个"我能行"的声音就会更响亮一点。重复多了，大脑就真的信了。

当然，自信也有点像"情绪传染"：

如果你身边有个总是鼓励你的朋友，久了你会发现自己也变得更乐观。而自信，就成了你的新朋友。你不再用"完蛋了"吓唬自己，而是换成"看看我能做什么"。

但要注意，真正的自信不是硬逼自己"必须成功"，而是像对待好朋友一样对自己说：

"搞砸了也没关系，又不是世界末日。"

"这次不如意，但我知道你尽力了。"

"别人怎么看无所谓，我相信自己。"

这种心理暗示之所以有力量，是因为它不否认现实，却改变了你看现实的角度。就像阴天时知道太阳还在云层后面，自信的人，不过是更早地看见了自己的光。

所以呀，下次心里冒出"我不行"的时候，试着轻轻反驳它一句："万一我可以呢？"这个积极的心理暗示，往往就是自信开始发芽的时刻。

第二节｜自信是青春成长的推动力

对中学生来说，自信似乎让你显得很潇洒，但它的深层价值更重要，自信是看不见的成长推动力，自信会带来更多机会。

斯坦福追踪研究显示：自信者获得尝试机会的概率较不自信者高出47%，而机会本身又能提升能力，形成正向循环。

1. 自信是压力转换器

面对考试等压力情境时，自信者皮质醇水平比自卑者低31%，却能分泌更多的抗压激素，这也解释了为什么自信的同学往往"大考发挥更好"。

2. 自信是人际关系的润滑剂

心理学中的"相似吸引效应"表明，人们会无意识地靠近那些自我肯定的人。自信不是傲慢，而是一种"我值得被认真对待"的温和气场。

3. 自信是抗挫的加力器

研究显示，自信的学生挫折复原速度会快2倍。自信的人更敢尝试新领域。

4. 自信是良性的生理循环

自信时大脑前额叶皮层（理性决策区）会抑制杏仁核（情绪中心）的过度反应，形成"挑战—成功—多巴胺奖励"的良性循环。缺乏自信会导致回避行为，进而引发"能力萎缩"，就像不运动的肌肉会退化一样。

5. 自信是人体潜能的开发器

潜能理论告诉我们，人存在着巨大的潜能。自信的人可以更大限度地运用自身潜能；不自信的人运用自身潜能相对较少。

💡 **深度提示**

防止过度自信。当出现以下信号时是过度自信发出的警报：遇事不再做准备工作；拒绝所有建议；把成功全归因于自己。

过度自信是对自信的伤害。要建立自信的安全网思维。真正的自信者都有计划B："我全力争取，但也接受各种结果"，这种思维能降低焦虑水平达40%。

第三节丨自信心自测

一、量表内容

请根据最近1个月的真实感受，选择下表最符合的选项（每题1～4分）。

	题目	评分
1	我相信自己能解决学习和生活中的大多数问题	1 2 3 4
2	和同学相比，我觉得自己有很多优点	1 2 3 4
3	当众发言时，我会紧张到说不出话（反向计分）	1 2 3 4
4	即使失败，我也相信自己下次能做得更好	1 2 3 4
5	我经常觉得自己不如别人聪明（反向计分）	1 2 3 4
6	我能坦然接受别人的批评和建议	1 2 3 4
7	在陌生环境中，我能很快适应并表现自然	1 2 3 4
8	我害怕尝试新事物，因为怕做不好（反向计分）	1 2 3 4
9	我的同学和朋友尊重我的意见	1 2 3 4
10	总体来看，我是一个有价值的人	1 2 3 4

注：1—完全不符合，2—不太符合，3—基本符合，4—完全符合。

二、评分与解释

总分计算：标有"（反向计分）"的题目需反向计分（1→4分，2→3分）。

总分范围为10～40分。

≥32分：自信心较强，自我接纳程度高。

24～31分：自信心中等，部分领域需加强。

≤23分：自信心较低，建议通过心理辅导或团体活动提升自我效能感。

三、维度说明

（1）能力自信（题1、题2、题4、题10）：对自身能力的肯定。

（2）社交自信（题3、题7、题9）：人际互动中的舒适度。

（3）抗挫自信（题5、题6、题8）：面对批评或失败的心态。

四、使用说明

本量表适用12～18岁中学生自评，结果仅供参考，非诊断工具。

改编自《Rosenberg自尊量表（RSES）》及《青少年自信心问卷》（国内修订版）。国内修订版是王极盛等学者针对中国文化调整题目表述，结合中学生心理发展特点设计的，更符合中学生认知特点。

第四节｜了解自卑心理：我真的不行吗

一、自卑的表现

自卑是由于某种心理或生理上的缺陷或其他原因，而引起的自我轻视的情绪体验，主要表现为对自己的学识、能力等自身因素评价过低，自己看不起自己。具体表现：有的压抑自己，以致丧失理性；有的敏感多疑，备受煎熬；也有因掩饰自卑而自视甚高等。

人人都有自卑情结，自卑本身并不耻辱，自卑能使人更加努力和进步。但久久地挣扎在自卑中不能自拔，成了压力，这就成了一个问题。

一般来说，轻微的自卑大多与某些具体的挫折经历密切相关，经过及时调整很快会得以克服；过度的自卑则可能与屡遭失败有关，当事人会把具体的失败体验，无根据地泛化到所有事情上。

中央电视台著名节目主持人白岩松，年轻时曾非常自卑。当他从一个北方小镇考进了北京的大学，上学的第一天，他邻桌的女同学第一句话就问他："你从哪里来？"而这个问题正是他最忌讳的，因为在他当时的逻辑里，出生于小城就意味着没见过世面。就因为这个女同学的问话，使他一个学期都不敢和女同学说话！很长一段时间，自卑的阴影占据着他的心灵。每次照相，他都要下意识地戴上一个大墨镜，以掩饰自己的自卑心理。

著名节目主持人张越，当年也曾为自己的肥胖而自卑。20年前，她在北京上大学，几乎每天都在自卑中度过。她疑心同学会在暗地里嘲笑她的肥胖样子太难看，因此不敢穿裙子，不敢上体育课。大学毕业时，她差点领不到毕业证，不是因为功课差，而是因为她不敢参加体育长跑测试！

法国思想家卢梭曾为自己是孤儿，从小流落街头而自卑；拿破仑曾为自己身材矮小和家庭贫困而自卑；日本著名的企业家松下幸之助，4岁家败，9岁辍学谋生，11岁亡父，自卑成为他一生奋斗的动力……

从心理学角度看，青少年自卑心理既有其普遍性，也有其特殊性。自卑的普遍性体现在，它几乎是每个人成长过程中都会经历的阶段性心理状态。然而，当自卑感过度或持续存在时，就会演变成阻碍发展的心理问题。对于青少年而言，这种心理状态尤为常见，因为他们正处于自我认同形成的关键期，对外界评价异常敏感。

值得注意的是，多数青少年的自卑是一过性的，随着成长和环境的改变会自然缓解；而少数人则可能发展为持久性自卑，甚至延续至成年。

二、自卑感从哪儿来

让我们用心理学视角来聊聊自卑，这个"心里的小疙瘩"：

心理学将青春期视为"心理断乳期"，你们开始脱离对父母的完全依赖，尝试建立独立人格和社会关系。就像学走路会摔跤，青春期尝试独立时，每个跟头都可能在心里留下不自信的印记。这时候如果没人扶一把，这些"我做不到"的念头就容易扎下根，累积形成深层的自卑心理。

身边的压力是自卑的源头。当家里说你"不够好"，学校说你"要努力"，朋友说你"不合群"，这些声音叠在一起，任谁都会怀疑自己。自卑往往是这样被"浇灌"出来的。

我们的大脑会"骗自己"。考砸了就觉得"我是笨蛋"——这种放大镜式的想法，其实是大脑在跟我们玩把戏。这种以偏概全、灾难化的思维方式是自卑心理的维持机制。

朋友圈的"完美假象"是自卑的加速器。 现在孩子们不仅和同桌比，还要和网红博主比。但你知道吗？那些光鲜的照片就像精修过的广告，用它们来评判真实的自己，就像用美颜相机当镜子。这个比较陷阱会导致你的自我评价下降，是当代青少年自卑感加剧的重要原因。

身体里的"情绪过山车"常常让我们焦虑。 青春期的脑子就像装修到一半的房子：情绪开关（杏仁核）已经装好了，但理智控制台（前额叶）还在施工。所以一点小事就容易想很多，对负面评价反应过度。

我们的传统里总爱比较，"别人家孩子"的阴影让你头疼。 家长随口一句"你看人家……"听的人心里就可能长出一根刺。其实比较是世界上最不公平的事——你永远不知道别人背后的故事。

自卑感就这样不知不觉产生了。

这些自卑的小火苗，常在这些地方被点燃。

①家里的高期待。像被要求必须考前三的小王，考了第四都觉得失败。

②物质条件的比较。小张总担心别人注意她的旧衣服，其实大家更在意自己的事。

③学校的排名游戏。从"鸡头"变"凤尾"的落差，让很多优等生突然怀疑自己。

④交友的挫败感。像感觉被男生群排斥的小陈，其实大家都各自忙自己的事，只是没有过于关注他而已。

⑤社交媒体的幻象。小芳刷到的"完美人生"，就像用别人的旅游照评判自己的日常。

⑥身体变化焦虑。发育节奏不同让很多人苦恼，像总觉得自己矮的小赵，总觉得自己不够男子气，但其实很多女生都觉得小个子男生很可爱啊！

值得注意的是，心理学研究发现，适度的自卑感如果引导得当，可以转化为个人成长的动力。著名心理学家阿德勒认为，自卑感是人类进步的动力源泉，适度的自卑可以促使个体追求卓越与完美。就像打游戏时发现等级不够，才会去练级一样。

　　关键在于帮助青少年建立成长型思维模式——将挑战视为学习机会，将失败看作反馈，把"我不行"变成"我正在成长"，这些困扰反而能成为前进的小马达。就像那句话说的："自卑不可怕，关键是怎么面对它"。

　　青少年自卑心理不应被简单视为需要消除的"问题"，而应被理解为身心发展过程中的信号，提醒我们关注他们的心理需求，并提供适当支持。科学的心理学视角，能帮助我们更全面、更包容地看待青少年自卑心理，为有效干预奠定基础。

青少年自卑心理的主要成因分析

成因类型	具体表现	影响机制	典型案例
家庭因素	过度批评、经济条件差、高期望	形成负面自我认知	考试不理想就被父母责骂的学生
学校因素	学业压力、同伴嘲笑、外貌评价	削弱自我价值感	因体形被起绰号而回避社交的学生
社会因素	社交媒体影响、社会比较	产生不切实际的自我期望	对比网红生活觉得自己不够好的少女
个人因素	生理变化、过渡适应困难	导致自我认同混乱	从初中优等生变为高中中等生的学生

第五节｜自信起来，我的青春我书写

　　你知道吗？每个人都会在某些方面感到自卑，即使是那些看起来很自信的人。只是区别在于，自信的人知道"我在某些方面不够好，但我在其他方面很棒"，而自卑的人只看到"我不够好"这一部分。自信的人总在想：我怎样补救我的短板，让我更完美；自卑的人只会心里感叹：我不行啊。

天生我材必有用。庄子和惠子之间有一段这样的对话。

惠子对庄子说：我有棵大树，人们都叫它"樗（chū）"。它的树干疙里疙瘩，它的树枝弯弯扭扭，几乎没有任何实用的价值，总之是大而无用，你说我们该拿它怎么办？

庄子回答：你有这么大一棵树，为什么要担忧他没有什么用处呢？如果它成不了木材，甚至当不了柴火，那么"何不树之于无何有之乡，广莫之野，彷徨乎无为其侧，逍遥乎寝卧其下。"就是说让人们可以悠然自得地在树旁享受它的绿叶成荫，欣赏它的独特之美。

庄子展现的是这棵树另外的价值，是心灵意义上的价值，惠子只看到了树的实用价值。很多时候是我们的眼界和心界不够开阔，换一种眼光，你会发现自己其实具备成功的潜能；换一种心境，你会发现你拥有使自己更完美的能力。

感叹不如行动，改变自己！我的青春我书写。

➤ 克服自卑的方法

先撕掉强加给自己的标签。

例如，把"我数学很差"改成"我暂时还没找到适合我学习数学的方法"。

自信心是一个人对自己的认可、肯定、接受和支持的心理感受。

自信不是没有恐惧，而是带着恐惧依然前进。例如，把"万一失败"换成"至少我能学到"；把比较坐标系从"别人"转向"昨天的自己"。

自信允许紧张，但不被紧张所控制。例如，奥运冠军赛前也会心跳加速，但仍会充满自信。

送你几种克服自卑、培养自信心的方法。

第一种方法：关注自己的优点。

在纸上写出自己十个方面的优点，不论哪一方面，多多益善。在从事某项活动时，想想这些优点，这样可提升从事这些活动的自信，这也称为"自信的蔓延效应"。

第二种方法：自我心理暗示。

不断给自己以积极的心理暗示，避免对自己进行负面强化。一旦自己在某些方面有所进步，就对自己说："我很棒！""我能行！""我做得真好！"等等。

第三种方法：多与自信的人交往。

在与自信的人打交道时，无形中就学会了他们的处事风格和态度，碰到挫折时也能自信应对。

第四种方法：树立良好的外部形象。

保持整洁的仪表、得体的举止，有利于增强一个人的自信，如走路目视前方、坐姿端正等。刚开始可能不很习惯，但一段时间之后就会产生发自内心的自信。

第五种方法：在实践活动中培养自信。

文娱活动、体育锻炼、劳动、社会实践等可以培养自信品质。通过动脑动手、锻炼意志，学生能尽情表现自己，加上同学之间的互相感染、影响，容易体会到自己是最棒的。

第六种方法：补偿自己的不足。

每个人都可能会遭遇失败，不要把失败看得太严重，也不必全盘否定自己，失去信心。要找出失败的原因，寻求补救的办法，东山再起，发奋努力，最后一定会成功。

🔗 知识链接

成长型思维

成长型思维由美国心理学家提出，该理论认为，个体的能力（如智力、才能、技能）并非固定不变，而是可以通过努力、策略、学习和反馈持续发展的。

成长型思维在心理学上强调能力的动态发展性，其机制涉及可塑性信念，一个人若相信能力可塑，就更可能采取积极的学习策略（如寻求挑战、坚持努力）。

目标导向上，成长型思维关注能力提升，视失败为学习机会。归因方式上，成长型思维者将失败归因于可控因素，如努力不足、方法不当，而非不可控因素，如天赋。成长型思维就像相信自己的大脑是一块可以越练越壮的"肌肉"，只要肯努力、学方法、不怕错，能力就会不断提升。

"不会"只是暂时的。错误是"升级包"。努力比天赋重要。而固定型思维认为能力是天生的，比如"数学好是基因决定的"，遇到困难容易放弃。简单地说，成长型思维就是"我现在不行，但不代表永远不行"。

阳光心态修炼馆

一、心理分析与感悟

　　1968年，美国著名心理学家罗森塔尔和助手们来到一所小学。他们从一年级至六年级各选了3个班级、对18个班的学生进行了"未来发展趋势"测验。之后，罗森塔尔以奖赏的口吻将一份"最有发展前途者"名单交给校长和相关老师，并叮嘱务必保密。8个月后，这些学生接受了复试，结果，奇迹出现了：凡是上了名单的学生，个个成绩都有了较大进步，且各方面都很优秀。罗森塔尔这才道出实情：他只不过撒了一个"权威性的谎言"。他对这些学生一点也不了解，名单上的学生只不过是随机挑选的！为什么会出现这种现象？

　　罗森塔尔是著名的心理学家，在人们心中享有很高权威。老师们对他的话都深信不疑，名单对老师产生了暗示，左右了老师对名单上学生的评价，老师的这种期望，通过老师的言行传递给学生，让这些学生也感受到了，从而提高了自信心，也提高了对自己的要求标准，在心理学上，称之罗森塔尔效应。

　　这个案例对你有什么启发？

二、心理自我疏导

1. 60秒心理剧

想象未来的自己穿越回来对你说："谢谢你当年没放弃！"

2. 镜子演练

举起镜子道具，对镜子里的人说一句："嘿，你比你以为的更有潜力！"

3. 语言激励

练练下面的句子，增强自信。

①写出以"我"开头的、积极肯定的三个句子。

如：我越来越开心、我的字写得很漂亮等。

我_____。

我_____。

我_____。

②发现自我优势。每个人都有很多优点，但不自信的人很难发现自身优点。我们要发现更优秀的自己，找到自信的依据。写两个句子：

我开始喜欢我自己，因为＿＿＿＿＿＿＿＿＿＿＿＿＿＿＿＿＿＿＿＿。

我开始喜欢我自己，因为＿＿＿＿＿＿＿＿＿＿＿＿＿＿＿＿＿＿＿＿。

③正视曾犯的错误。人非圣贤，孰能无过？犯错并不可怕，重要的是从错误中吸取教训，完善自我。写句子，并在心中默念这些句子：

虽然我做错了，但是，我从这次错误中吸取了教训。

那就是＿＿＿＿＿＿＿＿＿＿＿＿＿＿＿＿＿＿＿＿＿＿＿＿＿，
所以，我喜欢我自己。

三、心理修炼活动

认知重构技术的ABCDE法则是理性情绪行为疗法（REBT）中用于调整不合理思维的工具，通过五个步骤帮助你改变对事件的负面解读。当出现"我永远做不好"时，用ABCDE法则：

A 诱发事件
B 不合理想法
C 行为后果
D 反驳不合理想法
E 建立新激励

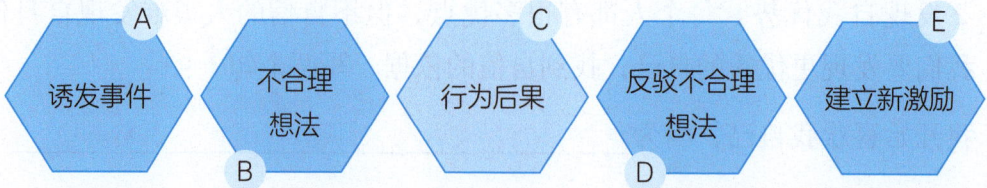

某次重要考试没有通过，成绩远低于预期	**特点** 灾难化思维、绝对化（"彻底""永远"）、以偏概全（一次失败=人生失败）	**情绪** 绝望、羞愧、自我厌恶	**质疑证据** 这次失败是否真的代表"永远不行"	**理性替代想法** 这次失败确实让人沮丧，但它只是指出我的知识盲区

	行为 放弃复习、逃避后续考试，甚至自我贬低	**反驳逻辑** 一次考试=人生彻底失败，这种关联是否合理？世界上有没有人考试失败但仍过得很好？	**行动导向** 制订复习计划，向老师请教，或调整学习方法

步骤	原信念（不合理）	重构后（合理）
B	"我彻底完了！"	"这次失败能帮我找到薄弱点"
C	绝望、放弃	失望但愿意改进
D	无反思	失败是否真的代表一切？能否成为学习机会？
E	无行动	制订复习计划、寻求帮助

为什么这样重构有效？

①减少情绪负担。承认失败但不夸大，避免陷入绝望。

②增强控制感。将问题转化为可操作的任务（如"分析错题"）。

③符合现实。考试失败≠人生失败，能通过修正错误可以提高成绩。

请结合自己的学习生活实际，练习这种重构，逐渐养成"成长型思维"，将挫折视为学习过程中的反馈而非终点。

第四篇
你善于交际吗

 **导语**

　　对于手机而言，需要安装便捷的APP才能使我们的日常生活更便利，人际交往技巧就如同手机的APP一样，真诚、宽容和感恩就是你内心的操作系统。今天我们就来升级你的"交际系统"！

　　翻开这一篇，我们即将踏上一段探索自我与他人关系的奇妙旅程。无论是在校园生活中与同学的日常互动，还是与老师的沟通，亦或是参加各种校园活动，或者是在家里与父母的关系，在社会上与邻居和亲朋好友之间的交往，良好的交际能力都扮演着至关重要的角色。它是我们成长道路上一项非常重要的技能。

　　本篇将带你深入了解交际的奥秘，从基本的沟通三要素：真诚、宽容和感恩，到深层次的人际关系建立，我们将一起探讨如何在不同的社交场合中展现自信，如何倾听他人，如何表达自己的想法和感受，以及如何处理冲突和压力，从而在人际交往中游刃有余。

　　让我们一起开始来发掘你内在的交际潜能，摆脱人际交往困扰，使自己成为一个社交小能手吧！

第一节｜善于交际来自真诚、宽容和感恩

　　发展心理学将青春期视为"心理断乳期"，青少年开始脱离对父母的完全依赖，尝试建立独立人格和社会关系。所以，中学时代是你尝试交际的活跃期。人际交往能力是中学生走向社会的必备技能，也是成长的标志。人际交往能力的强弱对生活、学习和未来发展都有很大影响。

　　人际交往是要建立一种和谐关系。和谐关系是以信任为基础，以亲密性为情感特征的关系，是一种较为持久稳定的关系。这些关系中，中学时代涉及较

多的有家庭关系、同学关系、朋友关系，少数同学还会接触恋人关系。

在这些人际交往中产生的亲情、友情、爱情，是人类最珍贵的感情。

初中生小杰是班里的篮球高手，但有点傲气，总喜欢在球场上指挥别人。新学期，班里转来一个新同学阿豪，篮球技术比他更好，两人很快成了球场上的"对手"。

一次班级篮球赛上，小杰和阿豪被分到不同队。比赛时，小杰为了赢球，故意用肘部撞了阿豪一下，导致阿豪摔倒，膝盖擦伤。阿豪虽然很疼，但并没有发火，只是默默站起来继续比赛。赛后，小杰有点内疚，但碍于面子，没有道歉。

第二天，小杰发现阿豪的膝盖包扎着纱布，走路一瘸一拐的。他心里很不是滋味，终于鼓起勇气，走到阿豪桌前，低声说："昨天的事……对不起。"阿豪愣了一下，然后笑了笑说："没事，比赛嘛，难免有碰撞。"

小杰没想到阿豪这么轻易就原谅了他，心里更惭愧了。放学后，他主动帮阿豪背书包，还去小卖部买了饮料给他。阿豪被他的真诚打动，俩人聊了起来，发现彼此都喜欢同样的篮球明星，甚至爱玩同一款游戏。

从那天起，小杰不再把阿豪当"对手"，而是经常约他一起打球、写作业。阿豪也教了小杰一些篮球技巧，两人成了最好的朋友。后来，他们甚至一起带领学校篮球队拿了校际赛冠军！

　　启示：真诚道歉能化解矛盾，赢得尊重；宽容待人会让别人更愿意靠近你；共同的兴趣是友谊的桥梁，但首先要有勇气迈出第一步。

　　往深处想想，善于交际不是纯技能问题。有些人学了很多"聊天话术"，但同学觉得他"假惺惺"。有些人虽然话不多，但总记得帮人扶门、拾东西，大家都觉得他实在真诚，愿意和他交往。

　　依据心理学"透明度效应"，我们不能高估交际技巧的作用，内心的真诚、宽容和感恩比技巧更重要。

一、什么是真诚

　　心理学中，真诚指"内在体验与外在表达的一致"，包含三个核心。

　　不伪装：不为了讨好他人而隐藏真实想法。

　　不防御：敢于暴露脆弱，接受自己的不完美。

　　有共情：真实的同时尊重他人感受。

　　※真诚的人说真话，但懂分寸。例如，同事问你："我的方案怎么样？"

　　×虚伪："完美！"

　　×伤人："漏洞百出！"

　　√真诚："整体框架很棒，如果第二部分数据再具体些会更有说服力"。

　　※真诚的人主动暴露弱点。心理学中的"出丑效应"表明，适度示弱反而增加好感。例如，项目经理在复盘会上说："这次延期我有责任，前期沟通时我漏掉了风险预警。"

　　※真诚的人言行一致。例如，朋友道歉时，眼神躲闪＋抱臂＝缺乏真诚；眼神接触＋身体前倾＝真诚。

　　※真诚的人接纳他人的真实，不要求别人完美。例如，"没关系，你今天情绪不好，我理解"。

　　正如心理学家布琳·布朗在《脆弱的力量》中所说："真正的归属感不需要你改变自己，它要求你做真实的自己。"真诚不是技巧，而是一种对自己和他人情绪的清醒认知与尊重。

二、什么是宽容

宽容是指接纳他人与自己的不同，包容过失，不因差异或他人错误而怀恨或报复的心理能力。它包含两个层面：

①对他人的宽容。理解别人的局限，允许他人犯错，如朋友失信后仍愿意给机会。

②对自己的宽容。不苛责自身的不完美。如考试失败后不否定自己。

宽容的表现：

接纳世界的不完美

不反复回忆伤害

容

主动化解矛盾

宽

理解他人

尊重不同观点

不因小事斤斤计较

宽容不等于纵容。宽容是有原则的谅解，如"我原谅你，但希望下次改正"。纵容是无底线的容忍，如"你继续作弊吧，我不在乎"。

三、什么是感恩

感恩是对他人的善意、帮助，或生活中的美好事物，认可并回报的积极心理状态。研究发现，常感恩的人幸福指数高23%。

感恩的表现：

口头表达感谢

珍惜已有之物

恩

用行动回报

感

对平凡小事感到满足

公开赞扬他人

不将别人的付出视为理所当然

感恩的深层价值：

● 减少攀比，关注"我已拥有什么"，而非"别人有什么"。

● 增强韧性，在困境中仍能发现支持力量，如生病时感激医护人员的照顾。

四、宽容与感恩的关系

二者的共同基础：均需换位思考能力，理解他人。

二者的相互作用：

- 宽容消除负面情绪，如怨恨，为感恩创造心理空间。
- 感恩积累正面情绪，如温暖，使宽容更容易实践。
- 越感恩的人，越容易宽容。
- 越宽容的人，越能感知值得感恩的事物。
- 宽容是心灵的宽度，让我们不被怨恨束缚。
- 感恩是心灵的亮度，让我们看见黑暗中的光。

真正的成熟，是学会对世界温柔，同时不忘那些让你值得温柔的理由。

🔗 知识链接

透明度效应

透明度效应也可称为透明度错觉。它是指，我们总以为自己的情绪或想法像透明玻璃一样，别人一眼就能看穿，但事实上别人根本没那么注意你。

例如：演讲时，你觉得自己声音发抖超明显，其实观众只注意到内容；脸红时，你觉得像红灯一样显眼，但别人可能根本没发现；回微信消息时，你纠结"这句话会不会显得我很蠢"，但对方根本不会过度解读。

为什么会有这种错觉？因为我们总觉得自己是世界的主角，会无限放大自己的表现，就像用显微镜看自己的缺点，但对别人来说你只是背景板上的路人甲。

明白这个道理超有用！社交恐惧时想："其实别人没空盯着我挑错"；犯错后安慰自己："除了我，没人反复回想这个尴尬瞬间"；公开表现前暗示："观众并不知道我有多紧张"。

记住这个心理口诀：你觉得明显的，别人根本看不见；你在意的细节，别人根本记不住。

第二节｜人际交往：打开一个更美好的人生

1995年，40岁的意大利洞穴探险家蒙塔尔只身下到一个200米深的洞穴里，独自生活一年。洞穴里设施齐备，食物充足，有卧室、卫生间、工作间，还有一个小小的植物园。但是没有人事纠葛。一年后，当他出来时，体重减轻了21千克、脸色苍白、反应迟钝、弱不禁风、大脑混乱、情绪低落、说话结巴，与原先的他判若两人。他说："一个人在洞中生活，孤独得几乎让人发狂，甚至几次想要自杀。我过去喜欢安静独处，讨厌嘈杂，现在我宁可选择热闹，也不要孤独。这次体验使我明白了一个道理：人生的美好在于与人相处。"

人生的美好在于与人相处。人际交往很重要，人际交往是人社会化的途径，也是人生的必要内容。

一、人际交往推动健康心理的成熟和优化

"如果你把快乐告诉一个朋友，你将得到两个快乐；如果你把忧愁向一个朋友倾吐，你将被分掉一半忧愁。"人际交往使人在情绪上相互感染、相互影响。积极的人际交往，能使人充满信心，保持乐观的人生态度，形成积极向上的优秀品质；如果不能正常地与人交往，则容易形成消极悲观情绪，轻者产生心理障碍，重者厌世轻生。

二、人际交往有助于人格健康发展

友谊能使人性情开朗、活泼、坦诚、热情，使人格向健康方向发展。缺乏友谊的人，往往存在很多情绪困扰，比如孤独、焦虑、恐惧、嫉妒、敌对、强迫，甚至产生攻击性心态和行为。

通过参与群体活动和交往，还可以使人增进理解和宽容，开阔胸怀，得到更多的社会支持。更重要的是，友谊还能使人的社会安全感得到充分的满足，最大限度地减少心理应激和心理危机感。离群索居、孤芳自赏的人，往往会有一系列的人格障碍问题。

三、人际交往能满足归属感和幸福感

人有归属一定社会团体的需要，还有得到他人关爱和尊重的需要，这些社会需要和吃饭穿衣的生理需要同等重要。亲密的人际关系可以带给你归属感，和谐的人际关系可以让你幸福。人际关系似乎很有魔力，能悄悄地抚慰你的心灵。

四、人际交往是顺利完成学业的基础

对于中学生来说，与周围的同学和老师沟通顺畅、相处融洽，创造一个良好的学习和生活氛围，就会使自己减少烦恼、身心愉快，集中精力学习，顺利完成学业。

五、人际交往拓宽信息通道

孔子曰："独学而无友，则孤陋而寡闻。"通过参与群体活动和交往，能使人面向外界，拓宽从外界获得信息的渠道；信息开阔了你的世界，更开阔了你的心胸。

六、人际交往是成才成功的重要保证

戴尔·卡耐基曾说："一个人事业的成功，15%是由于他的专业技术，另外85%要靠人际关系和处世的技巧。"一个人要在事业上获得成功，离不开品德修养、知识技能、创新思维、组织协调等素质，而这些素质的形成和提高，都得益于与他人的交往。交往面越宽，交往越深，对他人和对自己的认识就越深刻、越全面，也就越容易把握成功的机会，并在困难时容易获得他人的帮助。

人际交往给你打开了一个新世界，也打开了一个更美好、更有活力的人生！

第三节｜交际力自测

《中学生人际关系自测量表》共25个问题，对每个问题做"是"（打"√"）或"否"（打"×"）回答，答"是"得1分，答"否"不得分。请你认真完成，然后参看后面的记分方法，对自测结果作出解释。

1. 关于自己的烦恼有苦难言。
2. 和生人见面时感觉不自然。
3. 过分羡慕和妒忌别人。
4. 对连续不断的会谈感到困难。
5. 在社交场合感到紧张。
6. 时常伤害别人。
7. 与异性交往时不知如何更好地相处。
8. 与异性来往感觉不自然。

9. 与一大群朋友在一起，常感到孤寂或失落。

10. 极易受窘。

11. 与别人不能和睦相处。

12. 当不熟悉的人对自己倾诉他的生平遭遇以求同情时，自己常感到不自在。

13. 常被别人谈论、愚弄。

14. 担心别人对自己有什么坏印象。

15. 总是尽力使别人欣赏自己。

16. 暗自思慕异性。

17. 时常避免表达自己的感受。

18. 对自己的仪表（容貌）缺乏信心。

19. 讨厌某人或被某人所讨厌。

20. 瞧不起异性。

21. 不能专注地倾听。

22. 自己的烦恼无人可倾诉。

23. 受别人排斥与冷漠相待。

24. 不能广泛地听取各种意见、看法。

25. 自己常因受伤害而暗自伤心。

评分与解释

总分在0～8分，说明你善于交谈，性格开朗，主动关心别人，对周围朋友很好，愿意与他们在一起，彼此相处得不错。

总分在9～14分，说明你与朋友相处有一定的困扰，与朋友的关系时好时坏，经常处于起伏变动之中。

总分在15～20分，说明你在与朋友相处时存在严重困扰。

总分超过25分，则表明人际关系行为困扰程度非常严重，你可能不愿交谈，也可能是性格孤僻的人，不开朗，或者有明显的自高自大、讨人嫌的行为，要注意调适自己。

第四节 | 了解交际中的心理困境

一、家庭关系中的心理困境

中学生处于身心快速发展的阶段，家庭关系中的心理困境往往与他们的独立需求、身份认同及家庭互动模式的变化密切相关。

（一）独立与依赖的冲突

表现：渴望自主（如自己做决定、需要隐私空间），但经济和生活上仍需依赖父母，因此导致矛盾。

原因：青春期自我意识增强，但家长可能仍以"孩子"视之，过度干预其学习、社交等。

影响：可能引发对抗，如顶撞、冷战，或压抑情绪，被动服从。

（二）学业压力引发的家庭紧张

表现：父母对成绩的高期望与孩子的实际能力不匹配，导致焦虑、自责或逃避。

原因：家长将成绩与未来绑定，孩子感到被"工具化"；部分孩子因努力无果产生习得性无助。

影响：可能演变为自我否定（"我让父母失望"）或家庭关系疏离。

（三）情感沟通障碍

表现：孩子不愿向父母倾诉心事，认为"他们不懂我"；父母则感到被排斥。

原因：青春期情绪敏感，而父母可能缺乏共情沟通技巧，如说教多于倾听。

影响：双方陷入"越追问越沉默"的恶性循环，孩子可能转向同龄人寻求情感支持。

（四）家庭角色失衡

表现：在二胎家庭中感到被忽视，或因父母离异、家庭冲突产生自责、不安全感。

原因：中学生心理承受力有限，易将家庭问题归咎于自身，如"我不够好才导致父母吵架"，或感觉自己是"多余的人"。

影响：可能表现为行为退化，如故意犯错引起关注或过度讨好。

（五）价值观代际冲突

表现：对消费、娱乐、审美的观念与父母不同，如追星、游戏、穿搭等方面产生争议。

原因：父母基于传统经验，孩子受同伴和网络文化影响，双方缺乏理解。

影响：轻则短暂争执，重则引发对抗。

（六）过度保护与社交限制

案例：初三女生小美父母安装"电子围栏"应用软件，实时监控她的社交软件。父母发现她和男生讨论动漫，小美因此被警告："男生没一个好东西！"甚至擅自取消她与同学的生日聚会。

原因：替罪羊效应，父母的焦虑投射到孩子身上，形成"世界充满危险"的认知扭曲。长期的情感控制导致小美对亲密关系既渴望又恐惧，出现"想靠近又推开"的矛盾行为。

影响：小美出现社交回避行为，被确诊为广泛性焦虑障碍，需接受心理咨询。

（七）情感忽视的"情感荒漠"

案例：高三男生小林的父母经营餐馆，他从小被反锁在家写作业。小林有次发烧到39度，但父母因生意忙，让他自己去医院。

原因：基本需求被剥夺，长期缺乏关爱会导致归属感缺失，影响社交动机。为保护自己，小林关闭情感感知通道，形成"我不需要朋友"的防御机制。

影响：小林用打架、逃课等行为吸引关注，被同学视为"问题少年"。

（八）家庭冲突的"情绪传染"

案例： 父母长期冷战，女儿小雨每天记录"家庭温度计"：

12月5日，妈妈摔碗，爸爸摔门。

12月12日，爸妈整晚争吵，自己躲在被子里哭。

12月18日，爸爸搬去酒店，妈妈彻夜失眠。

原因：运用情绪感染理论分析，小雨长期处于负面情绪场域，形成"焦虑—攻击"的应激模式。将家庭中的无力感转化为对同学的挑衅，用攻击行为掩盖内心的恐惧。

影响：小雨成为校园欺凌的施加者，最终被学校劝退。

（九）经济依赖与消费羞耻

表现：渴望同龄人间的物质平等（如名牌鞋、手机），但依赖父母的经济支持，产生愧疚或攀比压力。

原因：消费成为身份认同的一部分，而家庭经济条件可能无法满足。

影响：可能隐瞒真实需求，或通过节俭或过度消费补偿心理落差。

中学生的家庭心理困境本质是成长中的过渡状态，需要双方共同调整。理解这些冲突的阶段性特征，有助于减少自责或对立，转向更健康的互动模式。

家庭关系的"双刃剑"效应表

影响维度	积极家庭特征	消极家庭特征	心理学理论支撑
情感支持	每日拥抱、定期家庭活动	情感隔离、拒绝肢体接触	依恋理论
沟通模式	开放式对话、非评判性倾听	命令式语言、打断表达	社会学习理论
冲突处理	共同制定规则、示范解决技巧	暴力对抗、冷战回避	家庭系统理论
社交实践	创造合作机会、允许试错	过度保护、限制社交	行为主义理论

二、同学关系中的人际交往困境

（一）线上活跃VS线下失语

案例： 初二学生小邱在班级群里发言积极，但现实中总低头缩在角落。一次小组活动，老师要求线下讨论时，他涨红着脸说"我不会"，全程沉默。课后同学邀他打球，他借口"要回家写作业"而逃避。

网络社交的匿名性降低了社交压力，但过度依赖会削弱现实社交技能。

（二）"我必须是最特别的存在"

案例： 高一女生小美发现闺蜜和另一名女生关系更亲密后，故意在朋友圈发闺蜜的糗事，导致关系破裂。她哭诉："为什么她不能只属于我？"

将朋友视为"私有物品"，反映早期依恋关系中安全感缺失。存在"非黑即白"思维，无法接受友谊的多维性。

（三）"他们都在嘲笑我"

案例： 高三男生小周因青春痘爆发，坚信全班同学在背后议论他。他开始驼背走路、用手遮脸，甚至拒绝参加毕业合影。

高估他人对自己外表的关注度，将外貌焦虑泛化为"我不可爱"的错误信念，引发社交回避。

（四）"我说什么都没人听"

案例：初三某班班长小林组织义卖活动时，多次提醒组员分工却遭无视。活动失败后，他崩溃质问："为什么你们都不尊重我？"

混淆"职位权力"与"个人影响力"，用职位压制替代情感联结。沟通风格偏差，采用"命令式语言"，触发他人心理防御机制。

（五）"交朋友就像在赌博"

案例：高一转学生小唐，每认识新朋友，一周内必发生矛盾。他自嘲："我天生招人烦，还是一个人好。"

早期人际受挫经历形成心理防御，提前预设关系破裂。将自身不安全感归咎于他人，形成"自困预言"。

🔗 知识链接

习得性无助

习得性无助是心理学的一个重要发现。它是指，因为反复失败或受挫，大脑学会了"怎么做都没有用"，最终连尝试都放弃的心理状态。

中学生常见习得性无助症状

场景	消极想法	行为表现
数学连续考砸	我天生不是学数学的料	直接放弃预习、复习
被朋友冷落几次	我这种人根本不配有好朋友	拒绝参加集体活动
体育课总不及格	再怎么练也达标不了	找借口见习

为什么会这样？

前额叶罢工，负责理性思考的脑区活动降低。

压力激素暴走，皮质醇持续分泌，让人疲惫。

记忆被篡改，大脑只记住失败，过滤掉成功。

就像电脑中了病毒，必须"杀毒"。破解方法有：微小胜利法、认知拆解法、环境重置法。用2个月，就能形成"努力有用"的新脑回路。

所以，这种状态不是你的错，是后天习得的，但可以通过训练"卸载"。

第五节 | 做人际交往达人

上学的时候，他们被分到同一个寝室，一个睡上铺，一个睡下铺。他们都有早起的习惯，上铺起床后马上就去学习，而下铺则会抽出10分钟的时间打来热水，再收拾收拾卫生才走。

上铺很聪明，会争分夺秒地学习，成绩很优秀；下铺尽管也很努力，但总是成绩平平。于是，每学期下来，授课的教师都会记住上铺，因为他总拿第一。同样，老师们也会留意到下铺，因为他是全班唯一主动擦黑板的人，而且还经常主动为老师拉开门，让老师先走。

实习的时候，他们同去一家著名的公司，被分到了同一个小组。上铺表现很出色，使该公司每个月都节省数十万元的经费开支。下铺就像在学校一样，一直表现平平，但人缘很好。

毕业时，那家著名的公司来学校招聘，点名要走了上铺，而下铺的名字紧随其后。上铺大惑不解，后来在人事部经理的口中，他得到了答案："他的确在专业技术上没有你学得那么好，然而我们注意到，实习的时候他能把小组成员的积极性调动起来，说明他有良好的人际交往能力和团队合作精神。而且，我们注意到，他不会计较某事是不是该自己做，一有时间，他都会尽最大可能帮助别人。我们这样一家大公司，一方面需要你这样的专业人才，同时也缺乏像他那样善于交往合作的复合型管理人才。"

（资料来源：《演讲与口才》第222期）

启示：社会很需要交际达人，善于交际是青少年应具备的一个重要素质，而真诚、宽容、感恩是善于交际的基石。

一、保持真诚

真诚的实践智慧——

不等于口无遮拦：说"我觉得你太敏感"不如说"我可能没考虑到你的感受"。

需要勇气：研究显示，职场中适度展现脆弱的人领导力评分高23%。

长期收益：人际关系中的"信任账户"需要真诚作为存款。

二、学会宽容

有项跟踪研究显示：中学时期具备宽容特质的学生，10年后，职场晋升率高47%，抑郁概率低32%。

宽容的实践智慧——

10分钟法则：生气时先等待10分钟，再决定如何反应。

角色互换提问："如果我是他/她，会希望被怎样对待？"

三、怎样感恩

某班设立"感恩周"，每天记录3件感谢小事。2周后班级冲突减少58%，甚至带动年级风气。因为感恩练习，激活了前额叶皮层，抑制攻击性。

"感恩链"游戏：每天向一个人表达感谢，并邀请对方继续传递。

"失去假设"思考：想象失去某物（如视力），再重新珍视它。

四、创建和谐家庭关系

家庭是社交能力的"训练场"。

案例1：高一学生小陈的父母每周召开"家庭会议"，鼓励他分享学校趣事。一次他提到被同学误解，父母引导他思考："如果是你误会了别人，会希望对方怎么对待你？"

通过观察父母平等沟通的方式，小陈学会换位思考和冲突解决技巧。家庭中的情感支持增强了他的自我价值感，面对社交挫折时更愿意主动修复关系。民主型家庭成为小陈的"社交模拟器"。

结果小陈在班级中担任心理委员，擅长调解同学矛盾，被老师称为"小外交官"。

案例2：初二女生小雨每次和父母视频通话，都会展示学校手工作品并讲解制作过程。父母不仅认真倾听，还会用"这个配色让我想到凡·高的星空"等具体语言反馈。

家庭中的积极反馈强化了小雨的情感表达能力，使她在同伴交往中更擅长捕捉他人情绪。父母示范如何具体赞美，让小雨掌握"描述细节+表达感受"的沟通公式。与父母情感互动中的"共情训练"提升了小雨的情商。

结果小雨成为校广播站主持人，听众反馈她的声音"有温度且让人安心"。

五、构建和谐同学关系

（1）彩虹反馈　两人一组练习"彩虹反馈"。

红：指出对方1个优点。

蓝：提给对方1个建设性建议。

（2）"感恩接力"游戏　传递写着感谢的彩纸球。

真正的社交达人不是认识多少人，而是让多少人因认识你感到幸运。现在请对左边同学说一句"你刚才的发言启发了我""你的言行让我想了很多"看，你已经种下第一颗社交奇迹的种子！

（3）非暴力沟通四步法

非暴力沟通四步法

① 观察事实：
"昨天三次提醒大家布置摊位"

② 表达感受：
"我感到着急和难过"

③ 说明需求：
"希望活动顺利，大家能按时到位"

④ 提出请求：
"下次可以轮流担任提醒员吗？"

（4）建立"关系实验室"　允许自己在安全范围内试错，约定"每周最多主动结束一段浅层友谊"。

（5）心理学干预工具箱

①社交技能训练卡。制作包含"开场白""赞美技巧""冲突化解"等场景的卡牌，每日抽卡练习。

②情绪温度计。用0～10分评估每日社交焦虑值，绘制折线图观察波动规律。

③人际关系四维度分析。从优势（如幽默）、劣势（如敏感）、机会（如兴趣社团）、威胁（如流言）四维度制订改善计划。

🔍 深度提示

"讲义气"是怎么回事

中国传统文化中的"义气"是一个复杂且多面的概念，既有积极的社会伦理价值，也可能在特定情境下产生负面影响。

"义"既有儒家强调的责任与公正和"舍生取义"的道德高度，又有墨家与武侠文化的"兼爱""贵义"，形成"士为知己者死"的侠义文化。通俗文学更将"义气"浪漫化为忠诚、信诺、同生共死的兄弟情谊。

"义气"的正面价值，如社会凝聚功能，道德激励作用，赞扬仁人志士的侠义精神。

"义气"的负面影响也宽泛和久长。有的"义气"可能凌驾于法律与社会公义之上，例如："为朋友两肋插刀"；帮派文化中的"江湖义气"导致冲突。传统义气常依附于如君臣、师徒关系，与现代平等观念相悖。

"义气"是中国传统社会关系的润滑剂，本质上是一种江湖伦理，在现代社会，其影响力、感染力仍不可小觑，其盲从性、封闭性、排他性，对刚踏入社会的中学生也颇有迷惑性。

为什么中学生特别看重义气?

①怕被孤立。青春期最怕没朋友,讲义气能让自己在圈子里不被排挤。

②想证明自己成熟。一些中学生觉得"听老师、家长的话,是幼稚",而"为朋友出头,是够义气"。中学生容易冲动。青少年的大脑前额叶还没发育成熟,但情绪系统已经很活跃,所以容易热血上头。

③错把"义气"当"正义"。"帮亲不帮理",朋友做错了,但因为是"自己人",所以觉得必须挺他。如果圈子里的人都觉得"不帮朋友就是怂",那即使心里觉得不对,也会跟着做。

从心理学角度分析,中学生的"讲义气"行为是青春期心理发展、社会认知和情感需求共同作用的结果,具有典型的年龄特征。

青春期是形成自我认同的关键期,中学生通过"讲义气"的行为来定义自己在群体中的角色位置。"为朋友两肋插刀"成为其道德标准的一部分。

前额叶皮层(负责理性判断)发育滞后,导致对"义气"行为的后果评估不足,更容易受冲动情感驱动。

中学生的"讲义气"很正常,但容易跑偏。关键不是否定义气,而是教他们会分辨"真义气"和"傻义气"。

真义气:朋友难过时安慰他,帮他进步。

傻义气:朋友做错事还包庇,最后一起倒霉。

你要明白,真正的朋友不会让你做傻事。就像一句话说的:"好朋友是拉着你向上走,而不是拖着你往下掉。"

中学生讲义气,具有发展阶段性特征,12岁以后逐步发展抽象逻辑能力,加之社会经验的积累,多数人会形成更成熟的友谊观,将朴素的"义气"转化为理性的同理心与社会责任感。

（6）巧妙处理人际冲突　巧妙处理人际冲突是一门艺术。

面对冲突，首先要提高自控能力，避免冲动，当冲突发生时，先做5次深呼吸，观察身体反应（如心跳加速）再回应

自控

倾听

认识到矛盾大都是由于不起眼的小事引起的，不要让小分歧影响友谊

自觉站在对方的角度去看待和处理问题……

换位思考

表达感受幽默化解

幽默是人际关系的润滑剂，适时的幽默可以调解矛盾，缓解冲突

六、学会交际

1. 牢记他人的名字

几乎每个人都希望自己的名字被别人记住，并被正确无误地叫出来，与别人交往的时候，记住对方的名字，体现了对对方的重视和尊重，容易拉近双方心理的距离，是获得好感的最简单也是最有效的方法。

2. 学会说话和倾听

在与同学交往时，不要什么都用"我"作主语，要记得常用"我们"开头。

倾听是维持人际关系的有效法宝。有句谚语："用10秒的时间讲，用10分钟的时间听"。掌握倾听的艺术，首先要有耐心，不轻易打断别人讲话。在沟通时，要尽量表现出虚心，显示出聆听的兴趣，试着在别人说话时适时地加一句："能不能再重复一下刚才你所说的？"来表示对这个话题的兴趣和关注。

3. 善用赞扬和批评

每个人都喜欢听赞美的话，有效的赞美却需要技巧。我们首先要做一个有心人，有一双发现别人优点的眼睛，同时要注意选择恰当的时机，使赞美显得自然。背后赞扬并通过合适的渠道传递给对方，效果比当面赞扬要好得多。最重要的，赞美时要有一个诚恳的态度，言不由衷的表扬是最可怕的。

与赞扬相对的是批评。一般情况下，应多赞扬，少批评。对别人批评时态度要友好、真诚，注意场合与环境，要顾及对方的面子，尽量用比较委婉的语言及措辞，对事不对人，如果对方一时不能理解、接受，也不要急躁或恶语伤人，可以说"我想得也可能不太全面，要不你再考虑考虑"，给双方一个台阶，避免把关系搞僵。

4. 学会保持适当的距离

这就是心理学上所称的"空间距离效应"。每个人都有一个属于自己的空间，这个空间是看不见、摸不着的，但却会在人际交往的过程中通过与不同关系的人保持不同的空间距离体现出来。人类学家霍尔把这个距离依次分为亲密距离（0～0.5米）、个人距离（0.5～1.2米）、社交距离（1.2～3.5米）和公众距离（3.5～7.5米）。在交往过程中，也要注意根据不同情况与同学保持合适的距离，使双方既保持密切的联系，又都享有一定的独立性。

5. 学会给予和拒绝

"给予永远比索取快乐"。要把握住关键的一点，就是应给予得自然诚恳，使接受变得轻松坦然。比如有的人在公交车上的让座方式就很好地体现了这一点：看见有老年人上车，自己就会装作要下车的样子，主动离开自己的座位，而不是邀请老人来坐自己的位置，为的是不给老人增加心理负担。

与人交往中，在不得已拒绝别人时，首先要明确地表达自己的意思，语气含糊反而会产生许多误会；其次，拒绝要委婉，并诚恳地表达出自己的谢意或歉意；最后，向对方说明原因，如有必要，也可以提出其他解决方法。总之，拒绝别人毕竟是一件伤害别人感情的事情，所以一定要掌握技巧，把握分寸，给对方一个台阶，也给自己一个退路。

阳光心态修炼馆

一、心理思考与感悟

智者的四句箴言

一位青年人拜访年长的智者。青年问："我怎样才能成为一个自己愉快，也能使别人快乐的人呢？"智者说："我送你四句话。第一句话是：把自己当成别人。即当你感到痛苦、忧伤的时候，就把自己当作别人，这样痛苦自然就减轻了；当你欣喜若狂时，把自己当作别人，那些狂喜也会变得平和些。第二句话是：把别人当作自己。这样就可以真正同情别人的不幸，理解别人的需要，在别人需要帮助的时候给予恰当的帮助。第三句话是：把别人当成别人。要充分尊重每个人的独立性，在任何情形下都不能侵犯他人的核心领地。第四句话是：把自己当作自己。"青年问道："如何理解'把自己当自己'，如何将四句话统一起来呢？"智者说："用一生的时间，用心去理解。"

（资料来源：《领导文萃》2006年第2期）

思考：这四句话为什么是"使自己愉快，也使别人快乐"的诀窍？请结合自身的经历和体会，谈谈你的理解。

南非的"种族隔离和解友谊"——曼德拉与狱警克里斯托·布兰德

纳尔逊·曼德拉因反对南非种族隔离制度被监禁27年，其中18年在罗本岛度过。他的狱警克里斯托·布兰德最初对他充满偏见，但曼德拉始终以尊重对待布兰德，甚至记住他儿子的生日并亲手制作礼物。布兰德逐渐被曼德拉的胸怀感动，开始偷偷为他传递信件、改善牢房条件。

出狱后，曼德拉主动邀请布兰德参加自己的总统就职典礼。布兰德后来回忆："他教会我，宽容不是软弱，而是战胜仇恨的力量。"两人的友谊持续到曼德拉去世。

启示：即使身处对立，真诚的尊重和主动的宽容，能融化最坚固的隔阂。真诚体现在主动打破隔阂的勇气，如曼德拉记住狱警儿子的生日。宽容则是对立双方放下偏见的共同选择。友谊的种子往往在最不可能的地方发芽。

二、心理自我疏导

1. 超有效的亲和技巧

超有效的亲和技巧

如何宽容

（1）换鞋法则：想象穿对方的鞋（童年经历/家庭环境）走一天。
（2）10-10-10思考：这个矛盾10天/10个月/10年后还重要吗？

怎样感恩

（1）隐形服务发现法：每天找出1个被忽视的关爱（如食堂阿姨多给的半勺菜）。
（2）感恩具象化：把"谢谢"升级为"谢谢你那天帮我……"具体事。
（3）破冰技巧：用"我们"代替"我"（如"我们班……"），快速建立归属感。
（4）深度倾听：复述对方最后一句话+提问（激活对方的倾诉欲）。

2. 超实用的5个工具

①优势探测器。做VIA性格优势测试：找到你的三个优势，每周用它们解决一个问题。

②感恩三连击。睡前记录：a.今天谁帮助了我？b.自然界什么馈赠让我感动？比如夕阳。c.什么小事比预想顺利？比如今天公交车准时。

③心流触发器。选择能让你忘记时间的活动，例如，画画、编程、打球等，每周沉浸2小时，比刷手机减压10倍。

④积极暂停术。生气时间："这事1年后还重要吗？""有没有另一种解读方式？"

⑤希望相册。手机建个相册存放：让你微笑的瞬间；证明你能力的证据（如获奖照片）；向往的生活图景。

第五篇

你能主动学习吗

导语

　　为什么刷手机可以不知不觉看2小时，而学习20分钟就想休息？这不是你自制力差，而是你的大脑中了"被动学习"的陷阱！今天我们就用心理学破解主动学习的密码。

　　在这一篇章，你将要走进一个既熟悉又神秘的领域——学习。学习是我们学生时代每天的重要事项，学习甚至主宰着我们的欢喜和忧愁，其实学习不仅是一个过程，它也是一项艺术，更是一种需要我们用心去掌握的技能。

　　通过本篇的学习，我们可以更好地理解记忆、注意力、动机和情绪如何影响我们的学习效果。这不仅有助于我们提高学习效率，还能让我们在学习过程中保持积极的心态，享受学习带来的乐趣。帮助我们在学习的道路上更加自信和从容。

第一节 | 相伴一生的学习

　　拿破仑出生于法国一个没落贵族家庭。在贵族学校的5年里，他受到富有同学的嘲笑、欺侮和轻视。他暗下决心，要证明自己高于这些没有头脑的同学。后来他加入军队，看到军队里的同伴大多把多余的时间用于追求女人和赌博。在军队里，他那矮小的体格和经济的贫困使他得不到应得的职位。于是，他改变方针，用埋头读书的方法，去努力和同伴们竞争。

　　他不是读没有意义的书，也不是以读书来排遣自己的郁闷，而是为自己的理想做准备。他下定决心要让全天下的人知道自己的才华，并以此为目标来选择图书。住在一个又小又闷的房间里，他面无血色、孤寂、沉闷，但是不停地认真读下去。

几年中，他坚持不懈地读书，做了大量摘记，并想象自己是一个总司令，运用数学方法精确地计算科西嘉岛的战略防范。他的数学才能获得提高，并使他有机会在操练场上执行一些需要极复杂计算的工作。在工作中他表现了自己的才能，开始不断获得机会和提升。后来，那些曾经嘲笑他、挪揄他矮小、无用、死用功的人，都改为尊重他、希望成为他的朋友，变成了他的衷心拥戴者。

启示：拿破仑选择主动学习，使他成为法兰西的最高统治者，尽管人们对他的评价不一，但他勤奋学习带来的卓越才能创造了历史。

学习主动性是学习心理活动的正向反映，在普通的中学生身上也熠熠生辉。

小琳学习一般。升入初中后，她和同小区的好朋友阳阳一起上学。小琳喜欢旅游，初中新开的地理课让她很高兴，她和阳阳约定，比一比谁地理学得好。自此，小琳每天记录"3个地理知识点"在便利贴上，贴在墙上，一个月后成绩提升了30%。

小琳成绩为什么提升这么大？

心理学原理告诉我们：主动学习地理知识触发"生成效应"，大脑对自我生成的内容记忆更深。看得见的便利贴在进行可视化管理，激活了前额叶执行功能。

脑科学告诉我们：主动学习时，大脑会分泌脑源性神经营养因子，像给神经元"施肥"，让知识扎根更深。

第二节｜主动学习的神奇作用

中学生主动学习的重要性不仅体现在学业成绩的提升上，还对学生的终身学习能力、批判性思维和心理健康发展具有深远影响。通过下面的一些研究数据和实例，你一定会感到：这太神奇了！

1. 主动学习显著提升学业成绩与学习效率

一项针对305名中学生的研究发现，学习动机与学业成绩呈显著正相关，而主动学习的学生往往具备更强的学习动机。

某大数据研究院（覆盖全国1400万学生数据）的调研显示，学霸在寒暑假的主动学习时长是平时的2倍，且更注重知识的系统梳理和反复学习。

某中学实施的"自主学习日"活动，让学生自主规划学习任务，结果显示学生的课堂参与度和考试成绩均有所提升。

2. 主动学习培养独立思考能力

2024年一项针对152名初中生的研究发现，课堂环境的优化（如互动式教学）能降低学生的无聊情绪，提高其学习能动性的投入，进而增强其独立思考能力。

高中教育研究报告指出，主动学习能让学生学会分析问题、多角度思考，而非被动接受知识。

3. 主动学习增强学习动机与自我管理能力

2024年的一项研究表明，教师关怀行为能调节学习动机与学业自我效能感的关系，进而促进主动学习行为。

一项初中英语课堂研究发现，当学生能自主选择学习内容时，其无聊情绪降低，学习投入度提高。

某校通过设立"主动学习奖项"激励学生自主研习，结果显示学生的自我规划能力显著增强。

4. 主动学习促进终身学习能力

未来职场人均需每十年掌握11项新技能，被动学习者淘汰率高达73%。

高中教育研究报告指出，主动学习习惯能帮助学生适应未来社会的快速变化，如职业转型和技能更新。

5. 主动学习改善心理健康与学习体验

一项对1800多名青少年的调查显示，主动参与学习活动的学生自我认同感和抗逆力更强，焦虑情绪更低。

2024年的一项研究发现，课堂环境的支持性，如教师鼓励自主探索，能减少学生的无聊情绪，提升学习幸福感。

某班实施"自主课题研究计划"后，学生的平均作业完成时间缩短25分钟，课堂提问量增加3倍。

某校引入"学习日记"，让学生记录自主学习的收获，结果显示学生的心理韧性显著提升。

脑科学告诉我们：随着主动学习的深入，大脑的神经网络会发生重构。一些原本不活跃的脑区可能会被激活并参与到学习过程中，而一些脑区之间的连接方式也会发生改变，以适应新的学习任务和挑战。例如，学习一种新的运动技能时，除了运动相关的脑区被激活外，大脑的视觉、听觉等感觉区域也会与运动区域建立更紧密的连接，帮助学习者更好地掌握技能。

当学习者在主动学习中取得进步或获得良好的学习成果时，大脑的奖赏系统会被激活，释放多巴胺等神经递质，使人产生愉悦感和成就感。这种奖赏机制会激励学习者继续保持积极的学习态度和行为，形成学习的正循环。例如，学生通过努力学习取得好成绩后，会感到满足和自豪，这种积极的情绪体验会促使他们更加努力地学习。

强烈的学习动机可以增强大脑的注意力和认知资源的分配，提高主动学习效果。研究表明，具有内在学习动机（如对知识的渴望、兴趣等）的学习者，其大脑在学习过程中会更加活跃，对学习内容的加工和记忆也会更深刻。而缺乏学习动机的人，大脑的活动水平相对较低，学习效果也较差。

知识链接

神经元和脑源性神经营养因子

神经元是大脑的"信使"。神经元就像大脑里的"快递员"，专门负责传递信息。它们长得像小树，有树枝一样的"树突"和一根长的"轴突"。

当你思考、运动或感觉时，神经元之间会通过电信号和化学物质（比如多巴胺）快速传递消息，就像微信群里发消息一样。比如，你碰到热水会立刻缩手，就是因为皮肤神经元的信号通过脊髓神经元传给了大脑神经元，大脑再命令肌肉神经元动作，整个过程只要0.1秒！

脑源性神经营养因子是神经元的"肥料"，相当于神经元的"超级营养液"或"脑力充电宝"。

脑源性神经营养因子帮助神经元存活，防止它们"饿死"（退化）。它能促进神经元生长，让神经元长出新的"树枝"（树突）和"电线"（轴突），增强脑细胞间的联系。它还能提升记忆力，像给大脑"施肥"，让学习记忆相关的脑区更强大。

它在运动（尤其是有氧运动）、充足睡眠、学习新技能时分泌较多，吃深海鱼、黑巧克力等食物可能间接促进其分泌。

可以说脑源性神经营养因子是神经元的"后勤部长"。没有脑源性神经营养因子，神经元会萎缩（像缺水的树苗），可能导致记忆力下降、情绪低落。脑源性神经营养因子充足时，神经元网络更发达，人会更聪明、反应更快，甚至抗抑郁。

第三节│学习力自测

一、量表内容

请根据最近1个月的学习状态完成下表的选择（每题1~5分）。

中学生学习主动性自测量表

维度	题目	评分
目标导向性	1. 我会主动制订每周学习计划并执行	1 2 3 4 5
	2. 学习新知识时，我会先思考它的用途	1 2 3 4 5
自主探究性	3. 我经常查阅课外资料拓展课本内容	1 2 3 4 5
	4. 遇到难题时，我会尝试多种解决方法	1 2 3 4 5
时间管理	5. 即使没有作业，我也会安排时间复习	1 2 3 4 5
	6. 我能优先完成重要学习任务，再娱乐	1 2 3 4 5
内在动机	7. 我觉得学习知识本身很有趣	1 2 3 4 5
	8. 考试成绩差时，我更想努力而非放弃	1 2 3 4 5
资源利用	9. 我会主动向老师或同学请教问题	1 2 3 4 5
	10. 我善于利用网络资源辅助学习	1 2 3 4 5

注：1—完全不符合，2—不太符合，3—一般符合，4—比较符合，5—完全符合。

二、评分与解释

总分范围为10～50分。

≥40分：学习主动性很强，具备自我驱动能力。

30～39分：学习主动性中等，需强化目标管理。

≤29分：学习主动性不足，建议培养学习策略。

维度均分：各维度题目相加后除以题数，均分＜3分的维度需针对性改进。

三、维度说明

（1）目标导向性：制订计划和明确目的的能力。

（2）自主探究性：超越课本的求知行为。

（3）时间管理：对学习任务的优先级控制。

（4）内在动机：对学习本身的兴趣和韧性。

（5）资源利用：主动寻求外部支持的能力。

四、使用说明

（1）适用于初中至高中阶段学生，建议每学期测评一次。

（2）低分维度可通过以下方式改善。

目标导向性：使用SMART原则制定小目标。

内在动机：通过"兴趣关联法"将学习与爱好结合。

改编自《学习自我调节问卷》（SRQ-L）和《青少年学习主动性量表》（周步成等，2003）。

第四节｜了解学习的心理干扰

一、厌学心理

　　"厌学"像影子一样跟着我们。你们是不是也经历过：早上闹钟响三次还起不来，因为昨晚熬夜刷题却越刷越困；课本上的字像蚂蚁爬，刚背完的单词转头就忘；看着成绩单上的分数，心里像压了块大石头，连呼吸都觉得累……

　　其实，这不是你的错。就像小林初一那年，突然发现数学题像天书，父母总拿他和别人家的孩子比，他的叛逆劲儿上来了，他开始逃课。结果他越逃课越焦虑，最后躲在游戏厅里找安慰。小华更让人心疼，每天被5个培训班占满时间，最后崩溃大哭："我不想学了！"

　　这些故事告诉我们，厌学不是懒，而是内心发出的求救信号。

二、心理学解码：厌学背后的"心灵危机"

（一）动机危机："为爸妈学"的陷阱

　　大脑的奖赏机制（多巴胺分泌）告诉我们：主动选择的事情才会快乐。如果学习只是为完成任务，为了爸妈，就像被迫吃没有调料的面条，食之无味。

　　某中学调研发现，62%的厌学学生认为"学习是为老师或家长而学"。想象你开着一辆没有导航的车，油箱快空了也不知道去哪，目标模糊，会让努力变成徒劳。

　　一个有趣的实验：心理学家让两组学生画线，一组被告知"画得越直越好"，另一组被告知"帮科学家测试视力"，结果后者线条整齐度提升40%。看来有目标就会有动力。

（二）能力陷阱：越努力越挫败的恶性循环

某高一女生小钰，从年级前50跌到200名后离家出走，只因父母说"必须考清华"。目标超出了能力，挫败感就成为厌学的直接原因。

也有方法错位：很多同学每天熬夜抄笔记却从不整理错题，就像用漏水的桶打水，永远装不满。当努力100次仍失败后，大脑会启动保护机制："算了吧，我不行。不学了。"

（三）情感饥渴：孤独的战士找不到战友

当家庭成为战场，像父母离异、过度控制、情感忽视等，这些创伤会让学习变成"伤口上撒盐"。小周父母离婚后，她用逃学换取朋友的陪伴，最终夜不归宿。

当被老师冷落、同学排挤时，教室会变成冰冷的牢笼。这就不仅仅是厌学了，连学校、老师、同学都成了厌恶的对象。

厌学背后的心理危机多种多样，因人而异，且不可等闲视之。

三、学习焦虑

案例： 小敏平时优秀，但大考总发挥失常，进入考场大脑一片空白，学习记忆都被焦虑占据了。而且脑子里总出现"考砸就完蛋"的灾难化想象。

小敏的学习焦虑是中学生的常见心理表现。适度的焦虑其实能提升学习动力，但过度焦虑会"压垮"孩子们。除了小敏的焦虑表现，学习焦虑还有一些表现：如身体信号，考试前肚子痛、头痛、失眠、手抖、心跳加速，有些孩子会突然暴饮暴食或吃不下饭；如情绪反应，容易发脾气、莫名其妙想哭、总说"烦死了"，有时会突然对学习失去兴趣；如行为异常，拖延作业到深夜、反复检查已经写完的作业、装病逃避上学；如思维消极，经常说"我肯定考不好""别人都比我强"，甚至做噩梦梦到考试交白卷。

为什么会这样，背后的心理原因因人不同，但重要原因确有共性：

（一）认知偏差

- 灾难化思维：一次小考失利就觉得"人生完蛋了"。
- 过度比较：总觉得同桌比自己多做了几道题，你就落后了。

（二）压力传导

- 家长无意间的比较："你表姐当年考了年级前十。"
- 老师强调排名时制造的紧迫感。
- 社交媒体上看到的"学霸作息表"带来的压迫感。

（三）能力与期望失衡

当课程难度突然提升，比如初二的数学，孩子没掌握学习方法时，会产生"我怎么努力都跟不上"的无力感。

（四）青春期心理担忧

这个阶段特别在意他人评价，可能因为一次课堂提问答错就担心"全班都在笑话我"。

学习焦虑是可以疏导排除的，就像给气球放气，需要找到那个"合适的出气口"。如果出现持续2周以上的失眠或食欲改变、频繁身体不适却查不出病因、自我伤害倾向，就要引起重视了，建议寻求专业心理帮助。

第五节 | 主动学习，给青春一个学习的勇气

有这样一个从"学渣"蜕变到"学神"的真实案例：

初二时，小杨数学总不及格，觉得"天生不是学数学的料"。心理老师带他做了三件事：首先帮他发现自己的隐藏优势，小杨喜欢动漫，老师就推荐用动漫的人物关系图理解函数概念。其次鼓励他挑战自己，从每天做对1道基础题开始，集满10道题的"挑战印章"，可以换漫画书。最后帮他找到同样数学薄弱的小林组成"互助小组"，互相抽查知识点，作为他学习的"支持系统"。

半年后，小杨数学考进班级前15名。他说："原来我不是笨，只是没找到对的钥匙。"

你主动学习的钥匙在哪儿？找找它吧！

一、怎样找到学习的破局之道

试试把学习变成一次"超酷的冒险"。

1. 找到属于你的"游戏化学习"

这是有科学依据的。游戏化的即时反馈机制能刺激基底神经节，让学习像打怪升级一样上瘾。有些小技巧给你参考，你会找到更多的游戏化学习技巧：

①把数学题变成密室逃脱谜题。例如：用勾股定理计算藏宝图坐标。

②给历史人物制作"朋友圈"。例如：如果李白有微信，他的朋友圈会有谁？他的个性签名会是什么？

2. 打造"成长型思维盾牌"

不仅改变消极的思维语言，如"这道题好难，我肯定不会"变为"这道题在挑战我的脑力，我能攻破它！"；而且着力改变和进步，对错题、难点，不再只是订正答案，而是要发现问题、解决问题，例如，我卡在哪里了？哪个知识点像拼图没对齐？下次怎么避免掉坑？

3. 建立"学习能量补给站"

（1）家庭站

①和父母签订"能量契约"。每完成1小时专注学习，可兑换30分钟自由活动，如打球、追剧。

②每周一次"家庭圆桌会"。用便笺纸匿名写下对彼此的欣赏，例如"谢谢妈妈不再唠叨我背单词"。

（2）校园站

①组建"学神联盟"。3～5人小组互相出题、讲题，就像英雄联盟组队开黑一样。

②设置"心灵树洞"。把烦恼写成纸条投入箱子，每周由心理老师随机抽取解答。

4. 心理调适三步法

动机唤醒技术
"5分钟启动法"：告诉自己"只学5分钟"，通常会自动延长，因为未完成的任务更易被记住。

认知重构策略
把"我必须考第一"改为"我要发现自己的进步"。

环境设计技巧
建立学习仪式感，固定书桌和专用文具。知识地图法：用思维导图把章节变探险地图。

请记住，主动学习不是咬牙坚持，学习是场发现自我的旅行。学习从来不是为了填满试卷上的空白，而是为了：

在解出难题时，感受"原来我能行"的畅快；

在小组合作中，收获"我们超厉害"的友谊；

在探索未知时，点亮"世界真奇妙"的好奇心。

厌学是暂时的迷雾，主动学习才是照亮前路的灯塔。当你学会把知识变成探索世界的工具，那些曾经讨厌的公式定理，终将成为你最酷的冒险装备。

二、学习方法很重要，它是你学习探险的武器和工具

（一）制定合理的学习目标

学习目标的制定要高于自己的现实，所谓"取其上者得其中，取其中者得其下"，同时又要合理，使自己能够"跳一跳，够得着"，才能有效地激发自己的学习热情。

有人做过计算，假如有一张足够大的白纸，把它折叠51次，它的高度将超过地球和太阳之间的距离，但如果仅仅是将51张白纸叠放在一起，不过几厘米的高度。没有目标和方向的人生，就像是将51张白纸简单叠放在一起，每次努

力之间并没有一个联系，哪怕每件事都做得非常出色，它们对你的整个人生来说也不过是简单的叠加而已。而拥有明确的目标，哪怕只是一个简单的方向，坚定地做下去，最后也能达到别人不可企及的高度。

（二）选择适合的学习方法

"工欲善其事，必先利其器。"在学习上，如果想取得好的学习效果，必须有科学、高效的学习方法。学习方法多种多样，不是每种方法都适合自己，以下提供一些常用的学习方法，可以试用一下。当然最后还是要形成你自己的学习方法。

1. 划线

这是应用最广泛的学习方法。划线的关键是，只划出自己认为重要的信息，不能滥用。划线的过程本身就是对学习材料的理解和加工提炼，划线还有助于快速找到和复习学习材料中的重要信息。同时还应学会在划线的旁边作标注，促进对材料进行深入思考。

2. 做笔记

做笔记的意义不仅能存贮信息和用以复习，更能促进新信息的精细加工和整合。做笔记重要的是记下关键词及重要内容、图表，记录时可以自己创造一些小符号、简称等代替一些常用术语，以提高速度。

3. PQ4R法

PQ4R分别代表预览（preview）、设问（question）、阅读（read）、反思（reflect）、背诵（recite）和回顾（review）。这个过程通俗地讲，就是学习者首先快速浏览材料，对材料的主题有个初步了解，然后根据标题问自己一些问题，带着问题阅读材料寻找答案，读后进行延伸思考，把材料内容与自己的经验经历联系起来，背诵材料，在脑海中回顾材料，不能回顾的地方再重新阅读。这个方法被视为"最能帮助学生理解和记忆的学习技术"。

（三）提高记忆能力的方法

学习中许多知识需要记忆，记忆力是很重要的一种学习能力，一切复杂的高级心理活动都以记忆为基础。常用而有效地提高记忆效果的方法有：

1. 把识记材料系统化

在学习的时候要善于寻找知识的相同之处和不同之处，并把知识与用这些知识的场合联系起来。知识之间有了相互关联、相互比较，才容易记忆。就像俄罗斯著名军事学家苏沃洛夫建议的："记忆是智慧的仓库，在这个仓库里有许多隔断，应当尽快地把一切都放得井井有条。"

2. 及时复习

心理学家通过对遗忘进程的研究，提出了著名的"遗忘曲线"，即遗忘的进程是不均衡的，有先快后慢的特点，学习之后在很短的时间内就会遗忘大部分内容。根据这一规律，复习要及时进行，最好安排在记忆刚开始下降之前，分别于学习后的1小时、1天、1周、1个月各复习一次，识记内容就能够进入人的长时记忆。

3. 尝试回忆

即在学习一篇材料时，一边阅读，一边自己提问题自己答，或自己背诵。这样可以根据自己回答或背诵的情况，检查自己的错误和薄弱环节，从而重新分配精力。这种方法记忆印象深刻、牢固、效率高。明代大学者朱熹发明的"三到"读书法也很值得借鉴。他说："读书有三到，谓心到、眼到、口到。心不在此，则眼不看仔细，心眼既不专一，却只漫浪诵读，决不能记，记亦不能久也。三到之中，心到最急。心既到矣，眼口岂不到乎？"心理学研究表明，人从听觉获得的知识，能够记住15%，从视觉获得的知识，能够记住25%，但是如果把听觉和视觉结合起来，就能够记住知识的65%。

把学习当作一个个探险，一点一点地学起来，焦虑会一点一点地消失，厌学会一点一点地减轻。试试吧，你也会一点一点地轻松起来、快乐起来、自信起来！

🔗 知识链接

生成效应

生成效应是指人们通过主动生成或创造信息（如回答问题、自我推导、填空等），比被动接收信息（如直接阅读答案），记忆更深刻、学习效果更好的心理现象。

这一效应揭示了主动参与在认知加工中的重要性。当个人需要自己"生成"答案或信息，大脑会进行更深入的编码加工，从而增强记忆。

例如，被动学习时直接阅读"水的化学式是H_2O"。生成学习则像填空，"水的化学式是H_O"，需自己补全"2"。后者的记忆效果显著优于前者。

从心理学机制看，生成过程需要更多的认知努力，信息会被关联到个人已有的知识网络中。与个人思维过程绑定的信息，更具独特性。生成行为的本质是一种"主动提取"，强化了记忆痕迹。

生成效应为优化学习策略提供了科学依据，强调"主动创造"比"被动吸收"更有效。

阳光心态修炼馆

一、心理分析与感悟

许振超是青岛港一名普通的码头工人，初中毕业，可他凭借苦学苦练，成了一名"桥吊专家"，当选为全国人大代表、全国劳模，被誉为"当代产业工人的楷模"。

许振超的脱颖而出，没有什么秘诀，用他的话说就是要学习。20世纪70年代，他刚进港口的时候，别人上班包里只装个饭盒，他的包里却多一本书。到上海港学桥吊，别人周末去逛上海滩，而他却一门心思泡在码头上鼓捣图纸。别人感到"老搬"不会有什么大作为，可他相信，知识能够改变命运，岗位能够成就事业！他说过一句令工友们感到震撼的话："一个人可以没文凭，但不可以没知识"，"可以不进大学殿堂，但不可以不学习"。他用一种严谨的求学态度鞭策自己。

他的学习与实际工作联系很紧密，用学来的知识解决了大量的实际问题，入港30年，实现了年年有创新，创造了世界一流装卸效率，并多次刷新集装箱单船装卸世界纪录。他还将自己多年来驾驶、维修桥吊的技术总结编制了一本《装卸桥吊司机操作手册》，把成才的捷径教给工友们，带动了一批"桥吊专家"成长起来。

几十年如一日的勤学不辍、刻苦钻研，使许振超成功地跟上了当代产业技术飞速发展的步伐，成为拥有多手技术"绝活"的"行家里手"。

思考：许振超的成长经历对你有什么启示？

二、心理自我疏导

焦虑的实用疏导方法如下。

①焦虑具象化。把担心的事写成小纸条放进"烦恼盒"，会发现很多担忧其实不会发生。

②用五感接地技术。紧张时快速说出5个看到的物体或4种听到的声音或3种身体触感或2种闻到的气味或1种能尝的味道，使自己快速平静下来。

③深呼吸法。闭目，缓慢深呼吸，每次间隔6秒。

④番茄工作法。学25分钟+休息5分钟，减轻"要一直学很久"的心理压力。

⑤设置"安全句"。家长和孩子约定如"我今天需要充电"，听到这句话时不追问学习情况。

⑥合理归因训练。当考差时，引导分析原因，"是某个知识点没掌握？还是审题方法问题？"，而不是笼统归为"不努力"。

三、心理修炼活动

科学研究发现，重复练习是学习的关键。每次我们重复某个动作或记忆某个知识点时，大脑的"通信路径"都会被激活、强化，就像一条不断被使用的乡间小路，最终变成宽敞、高效的高速公路。也就是说，练得越多，大脑里的"路"就越宽，信息传递也就越高效。

大脑就像肌肉一样，越用越强。神经科学家们发现，当我们学习新技能时，不仅仅是原有的神经元在动，只要有持续的学习和刺激，大脑还会产生新的神经元。这意味着，大脑越活跃，神经元越多，能完成的事情也就越多。

换句话说，学习的本质，不是让我们的大脑内容变"满"，而是让神经元之间的"配合"更默契。学了新技能后，大脑中的信息处理速度更快、效率更高，我们看问题的角度也会变得更广。

除了重复练习，提高学习效率还有一些"小技巧"，比如：

①间隔学习。相对于一次学很久，分散的、间隔式学习效果更好。每次学习后，大脑有时间去整理和强化神经连接。

②多感官互动。如果可以同时用视觉、听觉和触觉去学习，大脑的多个区域会共同参与，效率会更高。例如，看着单词的拼写、听它的发音，同时用手写一遍，这样记忆会更牢固。

③实际操作。动手实践比单纯看书学理论更有效。例如，当你学习做饭时，亲自动手比光研究食谱更容易让大脑记住细节。

④及时休息。学习期间短暂的休息能帮助固化记忆。大脑在休息时，神经元会重新"回放"所学内容，加深记忆。

学习，从本质上来说就是神经元之间"对话"的过程。它们通过重复练习，不断建立、强化连接，就像搭建桥梁或修建高速公路，让大脑内的信息流通更顺畅。学习的新技能不仅仅丰富了我们的生活，也让我们的大脑越来越高效。

第六篇

你有自控力吗

导语

今天想和大家聊一个特别重要的话题——自控力。自控力，这个看似简单的词，实则蕴含着强大的力量，它关乎我们的心理健康、学习效率、人际关系、情绪管理，甚至影响着我们的未来和命运。

你们有没有过这样的经历：明明知道该写作业了，却忍不住刷手机到深夜？或者下定决心要早起晨读，结果闹钟响了又按掉继续睡？这些看似平常的小事，其实都和自控力有关。自控力就像我们大脑里的"刹车系统"，它决定了我们能否在关键时刻控制自己的行为，做出正确的选择。

通过了解大脑的工作机制，我们会知道自控力并非与生俱来的，而是可以通过科学的方法进行训练和提升的。下面我们将学习如何提升自己的自控力，用自控力克服拖延、管理情绪，在面对诱惑和挑战时保持坚定。

第一节 | 自控力的强大力量

有这样一个真实的故事：

刘大铭出生于中国甘肃兰州，自幼患有罕见的成骨不全症（俗称"瓷娃娃症"），骨骼极其脆弱，稍有不慎就会骨折。医生曾断言他活不过12岁。他的童年几乎是在病床上度过的，他经历过9次骨折、十几次大型手术，两次与死神擦肩而过。

由于骨骼无法支撑身体，他的身高仅有1.4米，体重仅20多千克，连最基本的行走都变成奢望。但他并未向命运低头，而是用惊人的自控力，让自己在精神上"站起来"。

　　由于身体原因，刘大铭无法像正常孩子一样上学，但他仍坚持在家自学。他规定自己每天必须阅读10小时以上，即使疼痛难忍，也绝不中断。他说："我不能控制我的身体，但我能控制我的思想。"

　　12岁时，他完成了自己的第一部小说《命运之上》，记录自己与病魔抗争的经历。

　　16岁，他凭借超强的意志力，考入重点高中，成绩名列前茅。

　　18岁，他决定挑战不可能的事——申请世界名校。尽管医生警告他"出国可能意味着死亡"，但他仍坚持每天学习到凌晨，最终被英国的曼彻斯特大学录取，成为该校历史上第一位坐着轮椅入学的中国学生。大学期间，刘大铭并未满足于学业成就。他意识到，自己的经历可以激励更多人。于是，他创办了"逆光翱翔"公益组织，帮助残障人士融入社会。毕业后，他进入中关村创业，成为一家科技公司的联合创始人，用商业力量推动社会进步。2021年，他受聘为宁夏理工学院终身教授。

　　2014年，他被评为"全国自强模范"。他的自传《命运之上》，激励着无数青少年。

刘大铭的成功源于他极强的自控力及其策略：延迟满足、目标分解和心理调节。

延迟满足：他拒绝短期的舒适，如卧床休息。坚持长期目标，如考取名校。

目标分解：将大目标拆解为每日任务，比如"今天必须读完50页书"。

心理调节：每当疼痛来袭，他会用冥想和自我暗示的方法去缓解痛苦，告诉自己："疼痛是暂时的，成就是永恒的。"

刘大铭的故事证明，自控力不是天赋，而是一种选择。即使身体被束缚，精神仍可自由翱翔。他的经历告诉我们：真正的强者，不是没有弱点，而是能用自控力战胜弱点。

什么是自控力？自控力是克制短期欲望的能力。它就像大脑里的"指挥官"，帮助我们抵抗诱惑、管理情绪、坚持计划。

简单说，自控力就是管住自己的能力。例如你想熬夜刷视频，但能按时睡觉；你作业没写完，能先放下游戏手柄；你被同学激怒，但不是握拳头，而是深呼吸。

自控力很强大，刘大铭的故事证明了这一点。自控力的强大不是盲目地压抑自己，而是讲策略，学会"聪明地选择"——把精力和时间用在真正重要的事上。

心理学家研究发现，自控力主要依赖大脑的前额叶皮层（理性决策区），而青少年时期正是这个区域快速发展的阶段，所以你们现在锻炼自控力，就是在"升级"自己的大脑！

第二节｜自控力能决定你人生的高度

自控力是决定人生高度的核心能力。它如何影响人生轨迹？让我们看两个案例。

案例1（正向影响）：寒门自律榜样——刘传贺

安徽宿州高三体育生刘传贺在新冠疫情期间无法返校训练，但他并未松懈，而是凭借极强的自控力，坚持每天锻炼，长达83天。在农村缺乏专业器材的情况下，他创新训练方式——用轮胎、空心砖进行力量训练，甚至扛起家人进行负重练习。最终，他的自律让他在体育考试中取得优异成绩，并被媒体广泛报道，成为"寒门自律"的典范。

案例2（反向影响）："踢猫效应"——失控情绪的连锁反应

一位父亲在公司被老板批评后，因缺乏自控力，回家将怒火发泄在孩子身上，孩子又因情绪失控踢了家里的猫，猫受惊跑到街上，最终引发一场交通事故。这个心理学上的"踢猫效应"生动说明：失控的情绪会像多米诺骨牌一样，引发一系列负面后果。

启示：自控力的影响太大了，它能改变人的命运和轨迹！

一、自控力：成功的"隐形密码"

（一）科学依据：棉花糖实验与延迟满足

斯坦福大学心理学家沃尔特·米歇尔在20世纪60年代进行了一项经典实验：让幼儿园孩子选择立即吃掉一颗棉花糖，或等待20分钟后得到两颗。追踪研究发现，那些能延迟满足的孩子，成年后在学业、社交、心理健康等方面表现更优。

（二）自控力强的人具备三大优势

如果你有这三个优势，你就有了打开成功之门的"密码"。

目标管理	抵抗诱惑	情绪调节
善于拆解大目标，如刘大铭规定自己每天必须阅读10小时以上	能对手机、游戏等干扰说"等会儿再玩"	面对压力时能快速冷静，如考试紧张时深呼吸调整

结论：智商决定你跑多快，自控力决定你跑多远

二、为什么中学生尤其需要自控力

1. 青春期的情绪像"过山车"

自控力是情绪的"刹车片"，避免因冲动伤人伤己。青春期特别需要具备情绪的"刹车片"。例如：你和父母争执时，先冷静10分钟，往往能避免一场"家庭战争"。

2. 学习是"马拉松"，不是短跑冲刺

没人能靠考前通宵复习逆袭，每天多专注半小时，比临时抱佛脚更有效。中学生的学习需要坚持数年，特别需要自控力的加持。例如：你背单词时忍住不碰手机，一个月后词汇量就能超越很多同龄人。

3. 社交与网络诱惑无处不在

面对逃课、抽烟、沉迷游戏等不良行为，自控力是你说"不"的底气。例如：朋友递烟时能微笑拒绝的人，反而更受尊重。

4. 习惯养成的黄金期

青春期大脑可塑性强，是培养自控力的最佳时期，此时培养的自控力会伴随一生。例如：你坚持早起，未来工作中也更容易保持高效。

看到了吧！自控力，是你未来的核心竞争力。你的选择，决定你的未来。

从刘大铭的逆袭到"踢猫效应"的教训，从棉花糖实验到日常学习生活，自控力始终是决定个人成功的关键因素。它不是天赋，而是可训练的能力，越早培养，受益越深。

第三节｜自控力自测

一、量表内容

请根据最近的状态完成下表的选择。

自控力自测表

	题目	评分
1	我善于抵抗诱惑	① ② ③ ④ ⑤
2（R）	我经常冲动行事	① ② ③ ④ ⑤
3	我会设定明确目标来指导自己的行动	① ② ③ ④ ⑤
4（R）	我很难集中注意力完成任务	① ② ③ ④ ⑤
5	我能为了长远利益而放弃眼前享乐	① ② ③ ④ ⑤

题目		评分
6（R）	我做事常拖到最后一刻	① ② ③ ④ ⑤
7	我能有效控制自己的情绪	① ② ③ ④ ⑤
8（R）	我常因冲动消费而后悔	① ② ③ ④ ⑤
9	我会坚持完成枯燥但必要的任务	① ② ③ ④ ⑤
10（R）	我容易分心，难以专注	① ② ③ ④ ⑤

注：1—完全不符合，2—不太符合，3—一般符合，4—比较符合，5—完全符合。

二、总分计算与解释

反向题（标R的）需转换分数（1→5，2→4，3→3，4→2，5→1）后，与其他题目相加。

总分范围为10~50分，分数越高，自控力越强。

第四节｜了解心理失控

一、生活中的心理失控

案例：小美和妈妈吵架后，一气之下摔门而出，结果迷路到深夜，后悔不已。

分析：这是典型的"情绪失控"。心理学上称为"杏仁核劫持"，当愤怒、恐惧等情绪爆发时，理性大脑会暂时"下线"。青少年情绪波动大，正是

因为大脑中的情绪中枢（杏仁核）发育早于控制中枢（前额叶）。

二、网络中的心理失控

案例： 小陈熬夜刷短视频，明知该睡了却停不下来，导致第二天上课昏昏沉沉。

分析：网络是把双刃剑。其程序设计的"即时反馈"，如点赞、积分、勋章等奖励会刺激多巴胺分泌，让人沉迷。心理学家发现，这种"行为成瘾"和自控力薄弱有关。关键要意识到：你在玩手机，还是手机在"玩"你？

三、学习中的心理失控

1. 拖延与逃避

案例： 某学生计划每天复习数学1小时，但总想"明天再开始"，最终考前突击，结果成绩不理想。

分析：即时满足偏好。大脑倾向于选择短期轻松的行为，而非长期收益。

2. 考试焦虑引发崩溃

案例： 一名优等生因过度紧张，在考场上大脑空白，导致发挥失常。

分析： 压力下的"战或逃"反应，自控力不足时，情绪压制理性。

3. 沉迷娱乐的自我放纵

案例： 学生本想用手机查资料，却被短视频吸引，连续刷3小时，结果作业未完成。

分析： 多巴胺驱动即时快感，自控力薄弱时，难以切换任务。

四、交际中的心理失控

1. 情绪传染与冲突升级

案例： 小关因被老师批评而郁闷，好友小辛来关心询问，小关却暴躁回应："别烦我！"导致友谊破裂。

分析： 情绪溢出效应，负面情绪未消化，转移至他人。

2. 从众压力下的行为失控

案例： 小群体中有人提议逃课，尽管内心抗拒，但为合群仍选择参与。因为"别人都去了，我不去显得不合群"。

分析： 归属需求压制理性判断。大脑对社交排斥的恐惧，强于道德感。

3. 网络社交中的攻击性宣泄

案例： 小王在游戏中遭遇队友操作失误，怒骂对方并挂机，事后后悔，但难以收回言论。

分析： 去抑制效应。网络匿名性降低对自身行为的约束力。

五、心理失控的共同根源

大脑发育不成熟

前额叶皮层（负责自控）在25岁前未完全发育，青少年更易冲动，而不容易自我控制

对策：通过重复练习，强化自控神经回路（如冥想、规律作息）

缺乏替代性满足

自控失败常因只"压抑欲望"，而未提供健康的替代活动（如用运动替代电子游戏）

对策：设计"如果−那么"计划，例："如果想刷手机，那么先做5个俯卧撑"

外部压力超载

长期以来，学业竞争、家庭期望等压力，不断消耗心理能量，导致自控力削弱，自控愿望枯竭

对策：设置"减压时段"（如每天15分钟自由书写或散步）

自控力是"心理肌肉"，越练越强。中学生的心理失控并非性格缺陷，而是成长阶段的自然挑战。通过科学认知大脑机制、针对性训练及环境调整，完全可以将失控转化为自我掌控的力量。

真正的成熟，是学会在冲动涌来时，给自己按下暂停键。

第五节｜提升自控力，让"心理肌肉"健壮起来

自控力不是天生就有，而是一次次小选择练出来的。就像打游戏升级，每次抵抗诱惑、每次专注学习，都是在给自己"加点"。

也许今天你只能管住自己10分钟，但一个月后可能就是1小时。真正的自由，不是想做什么就做什么，而是能对自己说："我知道我想要什么，而且我能做到。"

这一过程需要结合大脑发育规律、行为习惯培养和情感支持。

加油！你比你想象的更有力量。

一、生活中的失控应对策略

①暂停6秒法则。情绪激动时先默数6秒，避免冲动发言。

②原谅自己的"偶尔失控"。自控力就像肌肉一样，会累，也需要休息。偶尔放松没关系，别因此否定自己。

③想象"未来的你"。问自己："如果我现在选择偷懒，明天的我会更轻松还是更痛苦？"

二、网络中失控的应对策略

1. 核心原则

✓ 不是完全禁止网络，而是学会合理使用。

✓ 用现实成就感和社交替代虚拟快感。

✓ 家长、学校、学生三方合作，而非对抗。

用"如果-那么"计划应对失控。例如，如果又想刷手机，那么我就站起来做5个深蹲。

2. 个人增强自控力与时间管理

（1）设定合理使用规则

①采用"番茄钟+强制锁屏"。学习25分钟，允许玩5分钟手机（使用番茄ToDo等应用软件辅助）。

②"20-20-20护眼法则"。每用屏幕20分钟，看20英尺（6米左右）外20秒，减少视觉疲劳。

（2）替代性活动培养兴趣 用运动、阅读、社团活动替代部分网络时间，如每天跑步30分钟或参加辩论赛；学习编程、绘画、音乐等技能，减少无意义刷手机。

（3）认知调整　破除"网络即时快乐"的依赖　让学生明白，短视频或游戏带来的快感是短暂的，而学习和运动的收益是长期的。还可以进行"延迟满足训练"，如完成作业后，才能玩游戏1小时。

如果学生已出现逃学、情绪极端、生理不适（如头痛、失眠），需采取更强干预：①暂时隔离网络（如假期送夏令营/乡村生活体验）；②寻求专业心理医生或戒网瘾机构帮助，但需选择正规机构，避免极端手段；③采取药物治疗（如伴随焦虑、抑郁，需精神科医生评估）。

三、学习中失控的应对策略

（一）从小目标开始

从"最小目标"开始，把"每天学习3小时"改成"先专注25分钟，再休息5分钟"（番茄工作法）。研究显示，分段式工作能提升效率25%～30%，同时减少大脑疲劳。

原理：每完成一个"番茄钟"，都会带来一份成就感，促进多巴胺分泌，从而增强持续行动的动力。心理学中的"小胜利效应"——成功完成小目标会增强自信。

（二）情绪调节

每天花5分钟观察呼吸或身体感受，培养对情绪的觉察力，减少杏仁核误判。情绪激动时，深呼吸10秒，默念"吸-2-3-4，呼-2-3-4"，通过正念训练提升对焦虑的觉察与耐受。正念训练通过减少大脑"自动漫游"状态，如胡思乱想，降低焦虑和抑郁风险。

（三）改变环境减少诱惑

学习时把手机放在另一个房间。在显眼处张贴目标清单（如"每天阅读30分钟"），用视觉刺激强化动机。

原理：斯坦福研究发现，自控力是有限资源，远离诱惑比抵抗诱惑更有效。

环境是自控力的"隐形推手"，通过物理隔离诱惑、优化社会支持、设计低阻力任务环境，能显著降低自控行为的难度。

（四）每天睡够7小时，课间跳绳5分钟

原理：睡眠不足时，前额叶皮层活性降低，自控力下降；运动能促进大脑分泌脑源性神经营养因子，提升专注力。睡眠和运动是自控力的"底层操作系统"，两者协同作用能显著提升情绪稳定性。

关键要点：优先保证基础睡眠；让运动成为生活节奏；睡眠和运动需循序渐进，找到个体化平衡点。

坚持3周以上，我相信你的专注力、情绪调节能力和长期目标的执行力会全面提升。

四、交际中失控的应对策略

（1）预设底线　提前想好"哪些行为绝不参与"，如吸烟、欺凌他人。

（2）换位思考训练　冲突时自问"如果对方这样对我，我会怎么想？"

（3）情绪激动时，深呼吸10秒，默念"吸-2-3-4，呼-2-3-4"。

偶尔失控没关系，心理学家凯利·麦格尼格尔说过："自我原谅的人更容易找回自控。"希望你们能从今天开始，给自己一个小小的挑战，比如坚持每天早睡10分钟。记住，控制自己，才能掌控未来！

🔗 知识链接

番茄工作法

番茄工作法是一种经典的时间管理方法，其核心是通过将工作时间划分为短间隔（通常为25分钟，称为一个"番茄钟"），配合短暂休息，来提高专注力和工作效率。其关键步骤是：

（1）设定任务。

（2）启动番茄钟　设定25分钟倒计时，在此期间专注工作，避免任何干扰，如社交媒体。

（3）短暂休息　计时结束后，立即停止工作，休息5分钟。此时可起身活动、喝水或闭目养神。

（4）循环与长休息　每完成4个番茄钟后，进行一次15~30分钟的长休息。

若任务提前完成，剩余时间可用于复盘或学习。

番茄工作法的心理学原理是：注意力维持和即时反馈与奖励。大脑的专注时间有限，25分钟的短周期符合认知规律，减少疲劳感。每个番茄钟后的休息是"工作奖励"，激活大脑的奖赏系统，增强动力。

同时，将大任务拆解为小单元，降低了畏难情绪，提升执行意愿。

而明确的开始和结束时间，创造了紧迫感，对抗拖延倾向。

简单来说，它通过"结构化专注+休息"的模式，利用心理机制优化时间利用，是兼顾效率与健康的实用工具。

自控力与人的底线

人是有底线的，底线指绝对不能逾越的红线。无论在学校、在社会、在家中，面对欺凌、打架、偷窃、吸毒这些违法或伤害他人的事情时，必须坚决坚持我们的底线，即不参与、不沉默、不妥协。作为中学生，坚持底线不仅是在保护自己，更是在守护你的未来和尊严。但怎样做到"三不"？

①不参与。哪怕朋友激将、威胁，也绝不加入欺凌、打架、偷东西或尝试毒品中。

②不沉默。如果看到别人被欺负或违法，不要当"旁观者"，可以悄悄告诉老师、家长或报警。

③不妥协。如果有人逼你做坏事，比如"不去就不带你玩"，请果断拒绝，这种"朋友"不值得交。

请记住，真正的酷不是"敢做坏事"，而是"敢对坏事说不"。

自控力是你的"防弹衣"，它清楚什么该做、什么不该做。例如：朋友递给你一支烟，说"试试呗，没人知道"。没自控力的人，怕被嘲笑，接过来了。有自控力的人心里想"我的健康比他们的眼光重要"，会直接说"不用，我不碰这个"。

有人欺负同学，喊你"一起上"时。没自控力的人，怕被孤立，跟着动手。有自控力的人转身离开，并告诉老师。

自控力能帮你避开麻烦，要知道，90%的青少年犯罪都是从"第一次妥协"开始的。自控力还能帮你赢得尊重，因为坚持底线的人，长期来看反而会被敬佩。

有社会阅历的人都知道，靠欺负人或违法得来的"朋友"，迟早会害了你。为此牺牲前途是不值得的。

一定要记住后果：

打架→轻则处分，重则坐牢。

吸毒→毁健康、毁家庭，后悔一辈子。

一定要自控，一定要坚持底线。

可以提前想好"借口"，比如有人让你吸毒，可以说"我过敏，会进医院的"，先脱身再说。

最好是，退出这个危险的"圈子"，加入运动队、社团，认识真正志同道合的朋友。

真心地告诉你，你现在的每一个选择，都在偷偷定义未来的你。坚持底线不是胆小，而是勇敢。因为你在对烂事说"不"的时候，其实是在对更好的自己说"欢迎"。

阳光心态修炼馆

一、心理自我疏导

自控力的自我心理疏导是一种通过内在觉察与调节，逐步提升对冲动和欲望的掌控能力的过程。

（1）将自控力用于核心目标，如备考，而不是不关键的事情。

（2）认知重构：与欲望对话。应对负面情绪与冲动时采用RAIN技术。

● R（recognize）：觉察欲望，如"我现在想玩游戏"。

● A（allow）：允许欲望存在，不批判。如"想玩是正常的，无需自责"。

● I（investigate）：观察身体反应，如心跳加速。

● N（non-identification）：不认同，拒绝。"还是先不玩吧"。

（3）当情绪失控时，先花2分钟做与目标无关的简单行动（如深呼吸、整理桌面），降低情绪强度。接纳情绪而不是去抵抗情绪。

（4）用对待朋友的方式安慰自己。研究表明，自我同情者比自我批评者自控力更强，复原力更高。

二、心理修炼活动

自控力的培养需要目标设定、习惯养成和意志训练。

1. 设定合理目标

SMART原则（即具体、可衡量、可实现、相关性、有时限），如"每天专注学习30分钟"而非"我要好好学习"。逐步提升难度，从易到难，避免因目标过高而放弃。

2. 培养良好习惯

课堂自控力训练：

①每节课设置"专注周期"（25分钟学习+5分钟休息），记录走神次数并逐步减少。

②用"红绿灯卡片"提醒自己。红灯=停止分心，绿灯=专注当下。

3. 增强意志力训练

通过微小成功积累意志力资源：

①每天完成1项低消耗意志力的任务（如整理桌面、做5个深蹲）。

②记录完成后的成就感，形成正向反馈循环。

磨炼法则：每天坚持做一件不喜欢但有益的事（如晨跑、阅读），增强自控力。

4. 自我激励与反馈

①即时奖励。完成任务后给予小奖励（如休息10分钟），强化积极行为。

②自我反思。记录自控失败的原因，调整策略。

5. 通过环境强化自控力

①将诱惑物移出视线。

②设置目标卡片并张贴在显眼的位置。

③加入社群组织（如学习小组、运动小组），利用群体互相监督目标任务。

第七篇

你珍惜爱吗

导语

今天我想和大家聊一个温暖的话题——爱。

提到"爱"，你们会想到什么？是父母无微不至的关怀，朋友之间的真诚陪伴，还是心里那份懵懂的悸动？青春期的爱，像一颗刚刚发芽的种子，纯净而脆弱。但爱不仅仅是甜蜜的，有时它也是苦涩的，它也需要我们学会珍惜、学会保护、学会敬畏。

今天，我们就一起来探讨：什么是真正的爱？为什么要热爱生命、珍惜爱情？以及如何正确面对"爱"带来的心理波动。

第一节 | 爱是生命中最宝贵的东西

生命是什么？爱是什么？2008年"5·12"汶川大地震给予了我们丰富而有力地回答。

生命脆弱又顽强。仅仅数秒的瞬间，超过6万人被地震吞噬了鲜活的生命——在大自然面前，人是多么的渺小，生命在灾难面前是如此的脆弱和不堪一击，但生命又是顽强的：72个小时、129个小时、150个小时、179个小时，甚至200多个小时，多少个生命的奇迹在人们的热泪中延续。

生命看似短暂，却可以通过爱去延续。大地震使无数人甚至连求生的本能都还没出现，就已经匆匆地离开了这个世界。但是，如果换个角度看，生命又是永恒的，就比如那个为了保护宝宝而失去生命的母亲，她的生命在孩子身上延续了下来。那么多的幸存者，包括电视机前的我们，都将通过这位伟大的母亲，更加知道去珍惜生命，热爱生活。

失去才知生命的分量。在这个世界上，对于即将失去的，更能体会它的重要。一位学生说："我好怕下一秒就要离开好多好多人，就不能再开心，不能

再难过，不能完成我还没完成的。现在才觉得身边的一切千万要珍惜，因为不知道将来会怎么样，会不会连后悔的机会都没有……"

生命无贵贱，意义有大小。第一批进入灾区的15位伞兵从近5000米的高空跳下，下面是层层浓雾，地面的情况如何谁也不知道。他们在留下了遗书之后义无反顾地去做了。还有众多的志愿者，毅然选择了投身抗震救灾第一线，践行生命的意义。的确，生命没有贵贱之别，但是，生命的意义却有大小之分。生命意义的大小，就在不同的人生选择中体现出来了。

生命的灵魂是爱。因为爱，那么多的老师、母亲把自己的学生、孩子护在自己的怀里。当人们发现他们的时候，他们怀里的孩子没事，自己却被死神夺走了生命。他们用自己的生命证实了爱的伟大。

有一句话与大家分享："生命其实更像一座钟，总是在受到打击时才释放出自己的爱，那悠扬的声音，一声比一声悦耳，一声比一声顽强！"

爱是生命的馈赠。因为有了爱，生命才充实灿烂！

人的爱很博大宽广，多姿多彩。有亲情的爱、友情的爱、爱情的爱、自我的关爱，也有对祖国、对民族、对自然的大爱，还有对草木动物、弱者困苦的细腻的爱。正因为有爱，我们的世界和人生才美好和温暖。

一、中学时代的爱很特别

1. 中学时代的爱开始逐渐扩大

中学时代开始从对亲人的爱、老师的爱、玩具的爱扩大到对生命的爱、对自然的爱、对生活的爱、对异性的爱……

2. 中学时代的爱是"纯爱"

中学生的爱没有太多对现实的考量，只是单纯地被大自然、被生活、被异性吸引，是爱的自然流露。这种感情很美好，但也容易因为不成熟而带来伤害。

3. 中学时代的爱强烈又不稳定

中学生情感体验极端而剧烈，如"轰轰烈烈"的喜欢或厌恶，但持久性不足，易受外界影响而转变。对兴趣爱好表现出短暂但强烈的热爱，可能伴随"三分钟热度"的特征，反映了探索自我身份的过程。

4. 中学时代的爱具有自我投射性

中学生爱的对象常是自我理想或未达愿望的投射，如崇拜偶像的才华、形象，而非真正理解对方。

5. 中学时代的爱是探索与实验

"爱"的行为，如恋爱、追星、加入社团，是在探索自我边界和社会角色，也会开始模仿成人行为，如形式化的约会。

6. 中学时代的爱开始介入道德感

开始用道德标准评判爱的合理性，如"暗恋是否可耻""追星是否浪费钱"，但判断常非黑即白。对抽象价值的理想化热爱，开始关注社会正义、环保、公益等抽象概念，爱憎分明但易流于表面，常受流行文化或同伴影响。

7. 中学时代的爱易被群体传染

中学生爱的选择易受同龄人圈子或网络文化影响，如集体崇拜某明星、跟风喜欢某项运动，体现从众心理。

二、中学时代最值得关注的是对生命与爱情的爱

热爱生命和寻找爱情对中学生是两个很新鲜，又很诱人的新命题。中学时代的你开始思考生命的意义，生命的灵魂是爱，这是所有爱的基础。爱情是生

命的馈赠，也是生命的延展和升华。你很想尝试青涩的初恋，爱情很神秘浪漫，但也和玫瑰一样是带刺的。

第二节｜爱是青春最美的修行

中学时代，让热爱生命和珍惜爱情成为你最美的修行，你的世界将因此而鲜花盛开、阳光灿烂！

一、热爱生命

热爱生命的本质就是追寻生命的意义。生命的意义是什么？简单地说就是过上自己想要的生活。严谨地说就是去追求自己的理想与生活目标，获得价值的认同。

心理辅导专家林孟平教授在她所著的《辅导与心理治疗》一书中指出："在一般问题的背后，透过深入分析，可以发觉来访者在困难中经常会这样问自己：我是谁？我是否有价值？我存在有何价值？我为什么要生活？我努力、奋斗为的是什么？生命的意义是什么？人生有什么目的？……在这反省过程中，我发觉了人其实都具有对终极目标的关注。"终极目标其实就是自我实现，是生命追寻的意义。最容易质疑生命意义的阶段是青春期。该时期的青少年具有较强烈的追寻目标的倾向，具有较强的动机，希望使未来的生活更有意义，但其生存的空虚感也较为强烈。

让我们忧虑的是，经调查发现，中学生中约有四分之一的人觉得生命缺乏目的与意义，因而感受到"存在的空虚"。

影响中学生对生命意义认识的首要因素是人际关系与家庭气氛。人际关系良好、家庭气氛融洽的青少年生命意义感较高。

其次，中学生发现其生命意义的程度，与其在学校的正向体验有关。研究显示，学生的学业成绩和奖惩记录与生命意义感显著相关。

除上述因素之外，家庭社会经济地位、教育、社会期望等因素也对个人的生命意义感有影响。

有些现代人在心理上迷失了方向，感到生活失去了意义，这是一种"精神萎缩症"。一个人如果丧失了存在的目标，他就必然会出现心理问题，甚至沉溺在各种近乎疯狂的、自我毁灭的行动中。

目前学术界有许多关于生命意义和心理健康关系的研究。许多研究表明，生命意义对压力和心理健康发挥着调节作用。例如，有研究发现，在生命意义和情绪健康之间存在明显的正相关，生命意义能够持续地维护心理健康。科尔曼等人研究发现，药物成瘾与找不到"存在"的理由或生命意义有关。

清华大学教育研究所在一份综述性研究报告中提出，生命意义在出现个人危机和遭遇重大挫折时所发挥的作用是独一无二的。对北京市三所高校的788名大学生测试调查得出，自我超越生命意义可以调节应激条件下的忧郁情绪、一般健康问题和自尊自重。

请你一定要知道：生命意义的追寻，是人类生存的基本动机，而能否发现个人独特的生活目标与生命意义，更是与个人心理健康有重要关系。当个人深具生命意义感时，生活是彩色的，再大的挫折与困难都能承受与度过；但当个人失去生命意义时，生活会顿时由彩色变黑白，如同行尸走肉，甚至走向自我毁灭之途。

对自然突然敏感起来 ✗

身体里住进永动机

容易为小事欢呼雀跃 ✗

开始收藏"活着的感觉"

对伤害特别警觉

青春期对生命的热爱

166

近来社会上发生的自杀事件，多是由于当事人找不到现在的生命目标，更看不见对未来的憧憬。因此，青春期发现自己生命的意义与目标，才能使我们真正做到自觉珍视生命、敬畏生命、保护生命。

除了开始思考生命的意义，青春期时对生命的热爱，就像一棵刚抽芽的小树迎着阳光疯长，你会：

1. 对自然突然敏感起来

你会蹲在操场边看蚂蚁搬家半小时，会为路边的野花拍九宫格照片，下雨天会故意不打伞淋雨，然后笑着甩掉头发上的水珠。你还会开始注意到晚霞有十几种颜色，云朵像会流动的棉花糖。

2. 感觉身体里住进永动机

明明刚跑完800米，还能和小伙伴追逐打闹；熬夜复习到凌晨，第二天眼睛还亮晶晶地说"不困"；吃三碗饭仍觉得饿，对奶茶零食永远有"第二个胃"。这种旺盛精力，是生命在试运行自己的能量系统。

3. 容易为小事欢呼雀跃

被老师同学夸赞能开心一整天，和好朋友撞衫像中奖般兴奋，就连解出数学题都要拍桌庆祝。这种夸张的快乐，其实是身体在说："看！活着真好玩！"

4. 开始收藏"活着的感觉"

在课本角落画满涂鸦，给朋友发那么多的微信，收集电影票根和银杏叶。这些看似幼稚的行为，都是在认真标记："这一刻，我真实地存在过。"

5. 对伤害特别警觉

雨中，你会为过街的残疾人撑开雨伞，看到流浪猫会省下零花钱为它买火腿肠，会为新闻里陌生人的不幸掉眼泪，甚至会因为一棵被砍的树生气。这种共情，是生命意识觉醒时柔软的触角。

敬畏生命，对生命敏感，中学生的爱细腻而纯真。

二、正确看待爱情

爱情指男女双方基于一定的社会关系和共同的生活理想，在各自内心形成的对对方最真挚的倾慕，并渴望对方成为自己终身伴侣的高尚情感，是人类特有的一种高尚的精神生活，是精神升华的产物。

爱情的基本内容包括三方面，即生物因素、精神因素和社会因素。

生物因素是指爱情产生于两性之间，异性相吸的生物本能使人产生性欲，从而产生相互结合的强烈愿望；精神因素是指爱情是一种高尚的情操，健康的爱情会愉悦身心，使人产生美好的心理体验；社会因素是指爱情是一种社会现象，既受制约于社会道德和法律规范，同时还将涉及生儿育女、传宗接代的社会功能。

受性生理成熟和激素影响，中学生开始对异性产生好奇和好感，表现为暗恋、初恋或偶像崇拜。这种情感往往带有理想化色彩，强调外在吸引力和浪漫幻想，而非成熟的理性选择。

一部分中学生会接触"爱情"，对异性产生懵懂的爱慕，这种爱很有特点：

①像水一样单纯。喜欢对方的原因可能只是"他打球的样子很帅"或"她笑起来的虎牙很可爱"，很少考虑现实因素，有种透明的美好。

②内心戏特别多。递个小纸条能脸红一整天，手机震动一下就心跳加速。心理学称为"过度情绪唤醒"，其实挺消耗精力的。

③偷偷的"叛逆感"。越是家长、老师反对，越觉得是在对抗全世界，这种"罗密欧与朱丽叶效应"反而让感情显得更特别。

你们的"爱情"也有些意想不到的"好处"：

①你开始学着关心别人、学着处理矛盾，这些能力未来对友谊、婚姻都有用，发展心理学称为"社会情感能力练习"。

②你开始因为喜欢的人成绩好而偷偷努力，心理学称为"榜样激励"，但前提是没有沉迷哦！

③你们即使后来分开，这种纯粹的心动也会成为成年后很珍贵的回忆，帮助形成健康的亲密关系观。

大家都说早恋是带刺的玫瑰，需要小心这些"刺"：

①注意力被"劫持"，影响学习。青春期大脑控制冲动的区域还没发育好（前额叶皮层），容易上课走神、熬夜聊天，成绩滑坡可能比想象中快。

②"假大人"陷阱。模仿偶像剧送贵重礼物、过早产生肢体接触，但其实并不懂这意味着什么，最终伤害彼此。

③失恋暴击。中学生的情绪调节能力有限，失恋后可能出现绝食、自残等极端行为，心理学称为"适应不良应对"。

中学生不早恋，会更自由。你以后的世界更大，你会见到更多的异性朋友，你也会用更成熟的心理珍爱爱情。所以，现在我悄悄告诉你：

①按下慢动作按钮。别急着说"永远"，把心动写成诗或画成画，让感情慢慢生长。好的关系像树苗，长得太快容易折。

②保护自己的"边界"。如果对方要求逃学、发隐私照片，哪怕再喜欢也

要拒绝。心理学强调"自我完整性"比关系更重要。

你们的"爱情"就像第一次学骑自行车，可能会摔跤，但也是成长的必经之路。重要的是系好"安全带"（自我保护）。青春期的懵懂情感没有对错，关键在于如何让它成为生命中的养分而非荆棘。

💡 深度提示

爱与善良

从心理学角度来看，爱与善良的关系是相互交织且动态互动的。

爱与善良有共同的心理基础：共情与亲社会性。共情指理解并分享他人情感的能力。共情的激活会同时促进关爱行为与善良举动。爱与善良均属于亲社会行为。善良则更"一视同仁"，比如给陌生人指路、捐款给灾区，不需要感情基础，纯粹是因为你觉得"应该帮助人"。

爱是"土壤"，善良是"果实"。如果一个人从小在充满爱的环境长大，比如父母关怀、朋友支持，他更容易信任别人，也更容易对世界表现出善良。反过来，一个经常做善事的人（比如志愿者），会因为帮助别人的成就感，变得更愿意去爱别人。

简单说：爱让你心里有温暖，善良让你把温暖传出去。

总之，爱为善良提供情感动力和特定指向，而善良是爱的行为表达和道德延伸。二者在心理机制上共享共情基础，但在动机强度和对象范围上存在差异。例如，爱是"我对你好，因为你是我的家人/朋友/爱人"。善良是"我对你好，因为我觉得人人都值得被善待"。

爱有时会"盲目"，善良更讲"原则"。爱可能让人妥协，比如明知伴侣做错了，还是包庇他（她）。善良则更有底线，比如看到一个陌生人被欺负，即使和你无关，你可能还是会站出来，因为觉得"这是对的"。举个例子：妈妈溺爱孩子（爱），可能会纵容他的自私行为；但一个善良的老师会纠正孩子，教他分享（善良）。

没有爱的善良，可能"累"；没有善良的爱，可能"自私"。

如果一个人只是机械地做好事，比如被迫捐款，但没有爱的驱动，长此以往会感到疲惫，会问自己"为什么我要一直帮别人？"

如果一个人只爱自己人，对陌生人冷漠，这种爱可能变成"小圈子自私"，比如"我家人最重要，别人与我无关"。

最好的状态是用爱去滋养身边的人，用善良去温暖更大的世界。就像点蜡烛一样，爱是火种，善良是火光，既能照亮自家，也能温暖路人。

第三节｜爱心自测

一、中学生爱心自测量表

（一）量表内容

请根据以下描述与自身实际情况的符合程度进行评分（1~5分）。

中学生爱心自测量表

	题目	评分
1	我会主动帮助同学解决学习或生活中的困难	① ② ③ ④ ⑤
2	看到他人受伤或难过时，我会感到心疼并想去安慰	① ② ③ ④ ⑤
3	我愿意参与志愿服务（如社区活动、环保行动等）	① ② ③ ④ ⑤

	题目	评分
4	我会对父母、老师的付出表达感谢	① ② ③ ④ ⑤
5	即使对方不喜欢我，我仍能尊重和包容他/她	① ② ③ ④ ⑤
6	我会关心动物或植物的生命，避免伤害它们	① ② ③ ④ ⑤
7	在公共场合，我会主动让座或礼让他人	① ② ③ ④ ⑤
8	我会因为看到社会中的不公平事件而感到愤怒或难过	① ② ③ ④ ⑤
9	我愿意分享自己的物品或时间给需要的人	① ② ③ ④ ⑤
10	我会通过小事（如微笑、鼓励）传递善意	① ② ③ ④ ⑤

注：1—完全不符合；2—不太符合；3—一般；4—比较符合；5—完全符合。

（二）评分与解释

总分范围为10～50分。

10～25分：爱心意识有待加强，建议多关注他人需求。

26～40分：具备基本爱心，可进一步主动表达关怀。

41～50分：爱心表现突出，继续保持并影响他人。

本表改编自心理学中的亲社会行为量表（Prosocial Behavior Scale, PBS）及同理心量表（Empathy Quotient, EQ）。

二、学校爱心行为自评表

（一）量表内容

本表适用年龄为12～18岁初中或高中生；聚焦学校情境中的具体利他行为；完成时间约3分钟，适合课堂集体施测。

学校爱心行为自评表

	题目	评分
1	我会主动把学习资料借给需要的同学	① ② ③ ④ ⑤
2	看到同学搬重物时，我会上前帮忙	① ② ③ ④ ⑤
3	当朋友情绪低落时，我会安慰他们	① ② ③ ④ ⑤
4	小组活动时，我会认真倾听队友的意见	① ② ③ ④ ⑤
5	我会把自己的零食分给没带午餐的同学	① ② ③ ④ ⑤
6	有同学被老师批评时，我会课后鼓励他	① ② ③ ④ ⑤
7	发现有人被孤立，我会邀请他加入我们	① ② ③ ④ ⑤
8	我会耐心给同学讲解他们不懂的题目	① ② ③ ④ ⑤
9	捡到他人遗失的物品，我会主动归还	① ② ③ ④ ⑤
10	当班级需要志愿者时，我通常会报名	① ② ③ ④ ⑤

注：所有题目均为正向计分，1—完全不符合；2—不太符合；3—一般；4—比较符合；
5—完全符合。

（二）评分与解释

总分范围10～50分。

10～25分：利他行为较少。

26～35分：利他行为属中等水平。

36～50分：利他行为突出。

本表可测量分享（题1、题5、题9）、帮助（题2、题8、题10）、安慰（题3、题6）、合作（题4、题7）四大维度。

第四节｜了解"爱"带来的心理骚动

中学生的爱很活跃、很单纯，也很敏感，很容易引发心理的波动和骚乱，有时候会陷入无法自我解脱的误区里。中学生"爱"的主要误区：

1. 对同伴的强烈依恋

同伴关系成为情感支持的核心，表现为对友谊的高度重视，甚至可能产生"兄弟或姐妹式"的亲密联结。但这种爱带有排他性，渴望归属感和认同。

2. 对家长、师长的矛盾情感

既渴望得到长辈的关爱与认可，又因独立意识增强而表现出对其的疏离或反抗，形成依赖与独立的拉扯。

3. 对生命的无知漠视

感受到生命的成长，却不知爱护自己。甚至想象"复生"，把生命当作儿戏。

4. 对"爱情"的游戏心态

有些中学生把接触异性当成"玩玩"，一下子把初恋的神秘和美好毁坏了，殊不知，这会伤害多少人，更会伤害你自己。

青春期的爱常常伴随着强烈的情绪波动，如果不加以引导，可能会带来负面影响。

1. 放纵——不健康的生活方式

案例： 小王刚谈个女朋友，没几天就分手了，又谈一个……折腾得他整天恍惚不安，乱发脾气，说谎缺课，成绩一落千丈。

分析：不严肃地对待感情，牺牲健康和学习，最终可能失去自我。

2. 自残——用伤害自己表达爱

案例： 小敏失恋后，在手臂上刻下对方的名字，认为这样才能证明自己"爱得深"。

分析：自残并不能挽回感情，反而会让自己陷入更深的心理困境。

3. 失恋——难以承受的情感挫折

案例： 小张被分手后，整整一个月不吃不喝，甚至想退学。

分析：失恋的痛苦是真实的，但心理学研究表明，大脑通常在3～6个月后会自动调节情绪，所以时间会治愈很多伤痛。

4. 性意识困扰——过早的亲密行为

案例： 一些同学因为好奇或同伴压力而发生性行为，事后又后悔、焦虑。

分析：青少年身心尚未成熟，过早的性行为可能带来心理和生理的双重风险。

第五节｜珍惜爱心，给爱打上青春的烙印

中学生学会"爱"是一个从懵懵懂懂走向觉醒的蜕变过程，既有对自我的无条件接纳，也有对他人和这个世界的善意联结。这种爱不是与生俱来的，而是通过不断地觉察、行动和反思习得。当他们开始用"如何让世界更美好"的视角看待问题时，便是真正掌握了爱的真谛。

一、爱生命，爱自己，爱健康

爱生命：你的身体和心灵是独一无二的，值得好好对待。

爱自己：学会欣赏自己的优点，不因别人的评价否定自己。

爱健康：保持规律作息、健康饮食，运动能让大脑分泌"快乐激素"，帮助你保持好心情。

二、敬畏生命

培养对生命的敬畏之心关乎个人成长，更是社会文明进步的基石。

1. 建构生命认知

了解生命诞生的概率，认识生命存在的宇宙奇迹性。

学习生态链知识，制作"生命依存关系图"，直观感受每个物种的不可替代性。

2. 用人文精神滋养生命

深度解读《最后一片叶子》《热爱生命》等文学作品。

撰写"生命日记"，记录观察到的生命韧性。

关注"辛德勒名单""南京安全区"等案例，理解战火中守护生命的人性光辉。

三、践行大爱精神

①建立"班级生命观察站"，轮流照料班级绿植，记录生命成长过程。

②实施"善意存折"计划，每天记录一件利他行为，每月举办温暖故事分享会。

③开发"中学生公益地图"，标注周边可参与的志愿服务点（如流浪动物救助站、老年服务中心）。

四、培育生命情感

①在安全的前提下参观殡仪馆，由专业人员讲解生命终点教育。
②创作生命主题的动画或校园戏剧，将抽象感悟转化为具象表达。
③组建"心灵解压合唱团"，排练《让世界充满爱》等治愈系歌曲。

五、学会表达爱

①写日记，把心里的感受写下来，这样能帮助整理思绪。
②找信任的人倾诉，朋友、家人或心理老师都可以提供支持。
③写给父母或朋友一封信，把爱倾吐出来。

六、在成长中邂逅爱情

爱情需要成熟的心态。心理学家埃里克森认为，青少年阶段的主要任务是建立自我认同，而不是急于进入亲密关系。你要学会等待，真正的爱情不会因为等待而消失，反而会在合适的时机绽放得更美。你慢慢要知道，爱情不是占有，而是尊重；喜欢一个人，不代表对方必须回应你。

爱情不是生活的全部，你还有梦想、友情、亲情，这些同样珍贵。

同学们，爱是世界上最美好的情感之一，但只有懂得珍惜自己，才能更好地爱别人。青春期的爱，可以像春风一样温柔，像晨露一样纯净，但不要让它变成暴风雨，伤害自己或他人。希望你们能学会用成熟的心态去对待爱，让这份情感成为成长的动力，而不是负担。

请记住，爱自己，是终身浪漫的开始；真正的爱情，不会让你卑微，而是让你闪闪发光。

深度提示

给家长的小贴士

如果孩子谈恋爱了，你怎么办？

①千万别"妖魔化"。调侃或严厉禁止只会让孩子转入"地下恋爱"。心理学证明高压会导致"秘密关系"更危险。

②分享你的青春。可以说"爸爸15岁时喜欢同桌，但每天先写完作业才敢想她"，分享自身经历比讲大道理管用得多。

③设定安全网。温和地约定"晚上9点后不聊天""见面要在公共场所"等，这样比完全失控好。

阳光心态修炼馆

一、心理分析和感悟

致橡树

舒婷

我如果爱你——
绝不像攀援的凌霄花，
借你的高枝炫耀自己；
我如果爱你——
绝不学痴情的鸟儿，
为绿荫重复单调的歌曲；
也不止像泉源，
常年送来清凉的慰藉；

也不止像险峰，

增加你的高度，衬托你的威仪。

甚至日光。

甚至春雨。

不，这些都还不够！

我必须是你近旁的一株木棉，

作为树的形象和你站在一起。

根，紧握在地下；

叶，相触在云里。

每一阵风过，

我们都互相致意，

但没有人，

听懂我们的言语。

你有你的铜枝铁干，

像刀、像剑，

也像戟；

我有我红硕的花朵，

像沉重的叹息，

又像英勇的火炬。

我们分担寒潮、风雷、霹雳；

我们共享雾霭、流岚、虹霓。

仿佛永远分离，

却又终身相依。

这才是伟大的爱情，

坚贞就在这里：

爱——

不仅爱你伟岸的身躯，

也爱你坚持的位置，足下的土地。

这是当代著名诗人舒婷的名作。她歌咏的爱情是什么样的？你感悟一下。

二、心理自我疏导

（1）如果心碎了，试试把痛苦写下来然后撕掉。

（2）连续21天，每天记录三件开心的小事，进行积极情绪训练。

（3）设计"家庭生命树"，追溯三代亲属的人生故事，标注重大生命转折点。

（4）自我重建，尝试每天对镜子里的自己说："我值得被爱，和他人无关，和学习无关，我就是最好的自己。"或者每天记录1件自己做的"值得感谢的事"，学会真正的认同自己。

（5）自然疗愈，去户外观察一种小生命，动物或者植物都可以，静静地观察它们，尝试着去体会每个生命带给自己的震撼和力量。

三、心理修炼活动

（1）开展"生命价值辩论赛"，讨论医疗资源分配等伦理议题。

（2）设计"假如生命只剩三天"的情景模拟，引导大家思考生命优先级。

（3）开展"城市守夜人"体验活动，了解、观察环卫工人、急诊医生等城市"守夜人"的工作记录他们的夜间工作日志。

（4）开展"全球议题研究周"活动，分组研究贫困地区教育、濒危物种保护等课题。

第八篇

你勇敢吗

导语

　　勇敢应对身心危机，是一个既严肃又充满力量的话题。人生就像一场冒险，有时风和日丽，有时狂风暴雨。面对挫折、压力甚至突如其来的危机，我们该如何保持心理强大，做出明智的选择？今天，我们就从心理学的角度，一起探讨什么是真正的勇敢、如何增强心理韧性，以及当我们遇到身心危机时，该如何正确应对。

　　要知道：恰当应对生活风雨，勇敢是内心的强大。坦荡面对大千世界，勇敢是一种胸怀，是一种坚持。

第一节 | 勇敢来自心理的强大

　　2023年5月1日，哥伦比亚亚马逊雨林上空，一架小型飞机剧烈摇晃发动机冒出黑烟，机舱内13岁的莱斯利·格雷斯紧紧抱着11个月大的妹妹惊恐地看着窗外。她身旁的两个弟弟9岁的索莱尼和4岁的提埃内吓得直哭。"轰，一声巨响，世界天旋地转。"当莱斯利从昏迷中醒来眼前是一片狼藉的机舱残骸。她第一反应是找弟弟妹妹，感谢老天，四个孩子都活了下来只有些轻伤。

　　但当她看向驾驶舱瞬间傻眼了——所有成年人包括她的母亲玛格达莱娜，全部遇难。这一刻，13岁的莱斯利蒙了，四个孩子被困在世界上最危险的雨林里，没有大人、没有食物、没有干净的水。搜救专家后来说："换成普通人能活三

天就是奇迹"，谁都没想到，这个瘦小的女孩会创造出一个丛林生存40天的传奇。

要知道，莱斯利家里可没什么钱，她从没上过学，连鞋子都是奢侈品。在城里人眼中，她就是个"原始部落的穷孩子"。可正是这个"穷孩子"，在绝境中展现出了惊人的勇敢和惊人的求生本领。

飞机坠毁后第三天，食物和水即将耗尽莱斯利做出一个大胆的决定：离开飞机残骸，深入丛林寻找生存资源。这个决定太冒险了。搜救队员事后都说："正常人都会选择留在原地等救援，她这是在玩命啊。"但莱斯利心里清楚，留在原地等，只会等来四条人命死去，只有主动出击才有活路。就这样，一个13岁的女孩背着11个月大的妹妹，带着两个弟弟踏上了看似不可能完成的丛林求生之旅。

亚马逊雨林气温高达30多度，湿度接近100%，没有水就等于没命。莱斯利找到一处小溪，但没急着喝，而是用树叶做了个简易过滤器，过滤掉明显杂质。更绝的是，她还教会了弟弟妹妹如何从特定藤蔓中获取干净水分！这种本领是她从小在部落里跟着长辈学的。城里孩子眼中的"原始知识"在此刻成了救命法宝。莱斯利还能很快辨别出哪些浆果能吃，哪些果实有毒。她找到能充饥的树皮，教弟弟妹妹寻找特定昆虫作为蛋白质来源。每当食物不够时，她总是先喂饱弟弟妹妹，自己则忍饥挨饿。医生后来检查发现：三个弟妹身体状况还行，只有莱斯利严重营养不良、体重骤减。这个13岁的姐姐，用自己的饥饿换来了弟弟妹妹的生存。

求生第15天，最小的妹妹克里斯汀发高烧了。这个才11个月大的婴儿本就需要母乳喂养，现在又高烧不退，情况危急！莱斯利想起部落里长辈教的方法，她找到一种特殊的草药捣碎敷在妹妹额头上，并且还用芭蕉叶做简易尿布，用某种植物汁液舒缓婴儿的皮肤不适。奇迹发生了！克里斯汀的高烧慢慢退了下来！搜救队医生后来惊叹："这种草药确实有退烧效果，但认识它需要有专业知识，13岁的孩子能在危急时刻想起这个，太不可思议了！"

第20天晚上，莱斯利听到灌木丛中的窸窣声——美洲豹来了！这种猛兽体重能达到100千克，一掌就能拍死成年人，更别说四个弱小的孩子。关键时刻莱斯利想起长辈说过："遇到美洲豹不要跑，要制造声音吓跑它。"她立刻指挥弟弟妹妹一起尖叫、敲打树枝。这个简单的方法的确管用，美洲豹真被吓跑了！事后专家评价："这完全正确，但很少有成年人在惊慌时能想起这一点"。

每到深夜，当弟弟妹妹们睡着后，莱斯利常常无声地哭泣，她想念妈妈，害怕明天他们不能活着走出丛林。但每当天亮，她又擦干眼泪，装作坚强的样子，不让弟弟妹妹看出她的恐惧。有时，9岁的弟弟索莱尼会问："姐姐，我们会死在这里吗？"莱斯利总是毫不犹豫地回答："不会的，我保证带你们走出去。"其实，她心里也没底，但她知道此刻弟弟妹妹需要的是希望而不是真相。

与此同时，一场超大规模的搜救行动正在进行中。哥伦比亚军方派出200多名士兵配备直升机和热成像设备进行搜救，连总统都亲自关注此事。可亚马逊雨林太密了，树冠遮天蔽日，直升机根本看不到地面，搜救队跋涉数百公里，却一无所获。30天过去了，很多人都放弃了希望，认为这四个孩子早已葬身兽腹。但第39天，搜救队发现了一个令人振奋的线索——一个用过的尿布和几个小脚印！证据表明这些孩子还活着！搜救力量立刻向这个方向集中。

第40天下午，搜救队员突然听到微弱的哭声，循声而去，他们在一处简易的树叶庇护所旁发现了四个孩子——莱斯利、索莱尼、提埃内和克里斯汀！他们虽然瘦弱不堪，但奇迹般地都还活着！他们被发现时，莱斯利已经精疲力竭，几乎站不起来了，但她第一句话却不是求救，而是："请给我弟弟妹妹一点食物，他们已经很久没吃东西了。"这一刻，连经验丰富的搜救队员都忍不住落泪，一名队员后来回忆："那一刻我才明白，这四个孩子能活下来，不是运气，而是因为有一个13岁的姐姐愿意为他们付出一切。"医生们震惊地发现四个孩子居然都没有生命危险，特别是11个月大的克里斯汀，按理说这个年龄的婴儿失去母乳喂养几乎不可能存活，但她的状况竟然相对稳定。

新闻传出后，整个哥伦比亚乃至全球都为之震动，全球媒体竞相报道，哥伦比亚总统亲自探望四个孩子，称他们为"国家的骄傲"。

莱斯利的故事告诉我们：真正的英雄往往藏在最不起眼的角落。一个从未上过学的13岁女孩用超乎想象的勇气和实用的生存智慧创造了奇迹。当被问及如何做到这一切时，莱斯利只是简单地说："他们是我的弟弟妹妹，我必须保护他们。"这种朴素的责任感和无私的爱，或许才是人类在绝境中最强大的生存武器。

也许，我们每个人心中都有一个"莱斯利"，只是还没有被唤醒。当危机真正来临时，你也会惊讶于自己的勇敢和智慧，只要为了所爱的人，我们都能创造奇迹。

启示：莱斯利创造了一个震惊世界、又感人肺腑的奇迹。她有朴素的责任感和无私的爱，她有超出年龄的勇敢和智慧，更有一个强大的心理。

一、什么是心理强大

心理强大是指在压力下仍能保持冷静、灵活应对的能力。心理学家认为，心理强大的人通常具备以下特质。

①情绪调节能力：能管理焦虑、愤怒等负面情绪。

②成长型思维：相信困难是暂时的，能力可以通过努力提升。

③抗逆力：在受到挫折后能快速恢复并适应变化。

二、心理强大的形成因素

1. 先天因素

部分人天生情绪稳定性较高，这与大脑前额叶皮层发育有关。

2. 后天培养

①家庭支持：父母给予的信任和鼓励。

②社会经验：通过克服小困难积累信心。

③自我认知：清楚自己的优势和局限。

三、勇敢来自心理强大

勇敢来自心理强大。心理强大的勇敢不等于冲动，而是加上冷静和智慧。

鲁莽的"勇敢"：因一时愤怒打架，结果两败俱伤。

真正的勇敢：被人挑衅时，能冷静离开并寻求合理的解决方式。

心理学建议：勇敢的行动应建立在理性评估风险的基础上。

第二节｜心理强大是你内心的"防弹衣"

心理强大是你内心的"防弹衣"。心理强大不是冷酷无情，也不是永远不哭不闹，而是一种"摔倒了能爬起来，难过了能缓过来"的韧性。它就像给你的内心穿上一件防弹衣，不保证你永远不受伤，但能让你在受伤后依然能继续前行。

一、心理强大让你更抗击

生活就像一场征途，总会遇到挫折和或重大打击。心理强大的人不是不会失败，而是失败后不会彻底崩溃。这样能降低患心理疾病的风险。

如考试考砸了？能分析问题，而不是否定自己。和朋友吵架了？能主动沟通，而不是冷战到底。被批评了？能分辨哪些是建议，哪些只是情绪发泄。

二、心理强大让你更自由

很多人活得很累，是因为太在意别人的眼光，担心"别人会不会笑话我？""我这样做会不会被讨厌？"

心理强大的人不是不在乎别人，而是"在乎，但不被绑架"，因自我认知清晰，故能平衡他人评价与自我选择，他们能坚持自己的选择，而不是为了讨好别人而勉强自己。

三、心理强大让你更快乐

很多人以为快乐取决于"不发生坏事"，但现实是坏事总会发生。心理强大的人不是没有负面情绪，而是能更快地调整心态：焦虑时，能告诉自己先做点什么，而不是一直乱想。愤怒时，能冷静几秒，而不是冲动地说伤人的话。悲伤时，能允许自己难过，但不会一直陷在里面。

四、心理强大让你的人际关系更好

心理强大的人不会因为一点小事就玻璃心，朋友和你相处也会更轻松。遇到冲突时能冷静沟通，而不是冷战或争吵。能接受别人的不同，不会强迫别人按照自己的方式生活。朋友会尊重你，喜欢你。

第三节 | 心理强度自测

请回答以下问题，"是"得1分，"否"得0分。

1. 遇到困难时，我通常会先想解决办法，而不是抱怨。

2. 我能接受批评，并从中吸取教训。

3. 情绪低落时，我知道如何让自己平静下来。

4. 我相信大多数问题都能随时间解决。

5. 我不会因为一次失败就否定自己的全部能力。

评分与解释

4～5分。心理韧性较强，继续保持。

2～3分。有提升空间，可尝试正念练习。

0～1分。建议向信任的成年人或心理老师寻求帮助。

第四节 | 了解心理危机

人生在世，总希望自己的生活中多一些快乐和幸福，少一些痛苦和挫折，可是谁又能不遇到困难和危险呢？中学生正处于身心发展的关键阶段，面临学业压力、人际关系、家庭变故等多重挑战，容易出现各类身心危机。这些危机和困境是我们每一个人都会经历的，只有勇敢地面对才能实现华丽的蜕变。

一、生活和学习挫折

案例1：一名初三女生因上课看小说被老师没收，随后私自取回，遭到严厉批评并威胁"全校通报检讨"，最终选择服毒自杀。该案例反映了学业压力与师生冲突叠加导致的极端行为。

案例2：高一新生刘同学因长期熬夜学习，出现头晕、呕吐等躯体化症状，但医学检查无异常，最终被诊断为心理压力过大导致的身心反应。该案例反映了该学生过度追求成绩，但缺乏合理的学习规划和情绪调节能力，使自己陷入自我否定，最终导致出现心理问题。

学习障碍、生活焦虑、意志消沉、忧郁悲观是很多学生都存在的沉重心理包袱，但是这些并不可怕，只要我们了解原因，对症下药，依旧能轻装前行。

二、人际关系冲突

案例1：大学生马加爵因与同学发生争执，杀害4名室友。其心理问题（自卑、暴躁、人际关系紧张）长期未得到疏导，最终酿成悲剧。

案例2：某中学生小李因学业竞争陷入紧张的人际关系，过度在意他人评价，导致自我价值感波动，因一件小事，就会和老师大吵大闹。

这两件事表现出两名学生社交技能不足，缺乏冲突解决能力，而且过度依赖外部评价，容易因人际关系受挫而产生自我怀疑。

三、家庭变故

案例1：某14岁少年，因爷爷没收其手机并遭到责骂，该少年情绪失控，持刀杀害爷爷。该事件反映了家庭沟通缺失与情绪管理失败所造成的极端后果。

案例2：某中学生小陈，因父母离异变得自卑、孤僻，后经沙盘疗法干预，社交功能得到改善。

父母离异、亲人重病或离世、家庭暴力等原因，导致家庭支持系统崩溃，青少年缺乏情感依靠，长期压抑情绪，可能演变为具有攻击性或抑郁倾向。

四、自我认同困惑

案例：部分学生因成绩不如同龄人或外貌不符合社会审美标准，产生强烈自卑，甚至出现抑郁倾向。

外貌焦虑、能力怀疑、性别认同困扰以及社交媒体引发的自卑等因素，导致青少年过度关注外部评价，进而缺乏对自我的接纳。现如今社交媒体在青少年中影响巨大，青少年易受社交媒体的影响，形成扭曲的自我认知，进而引发诸多心理问题。

五、重大疾病和身心创伤

案例1：河北某中学一名患抑郁症的学生因学业压力休学，但复学后病情复发，此时凸显出"医教协同"干预的必要性。

案例2：某市第一中学举行自残学生干预演练。学校模拟心理危机事件，训练教师识别学生自残信号并采取应急措施。

抑郁症、焦虑症、自残行为、遭遇暴力或性侵等身心创伤，若长期未得到及时干预，且缺乏必要的社会支持，可能导致极端行为的发生。

六、向校园霸凌说：不

（一）校园霸凌的典型表现

1. 肢体霸凌（最显性）

案例：某中学男生因身材矮小，长期遭受同学故意推搡、书包被藏匿等欺凌行为，导致手臂出现淤青。

特点：暴力行为留下明显物理证据，虽易被发现，但受害者常因恐惧而选择隐瞒。

2. 语言霸凌（最普遍）

案例：一名女生因佩戴牙套被同学恶意起侮辱性绰号"钢牙怪"，长期的言语嘲讽最终致其抑郁。

特点：语言霸凌的伤害具有隐蔽性，却往往造成持久的心理影响，甚至会内化为自我否定。

3. 关系霸凌（最阴险）

案例： 某小团体集体孤立一名转学生，故意不传达考试通知致其缺考。

特点： 通过社交排斥实施"冷暴力"，此类行为在女生群体中较为常见。

4. 网络霸凌（最新型）

案例： 学生换装视频被恶意P图后在社交平台传播，配文"绿茶装纯"。

特点： 24小时持续伤害，传播速度快且匿名性强。

（二）霸凌形成的深层原因

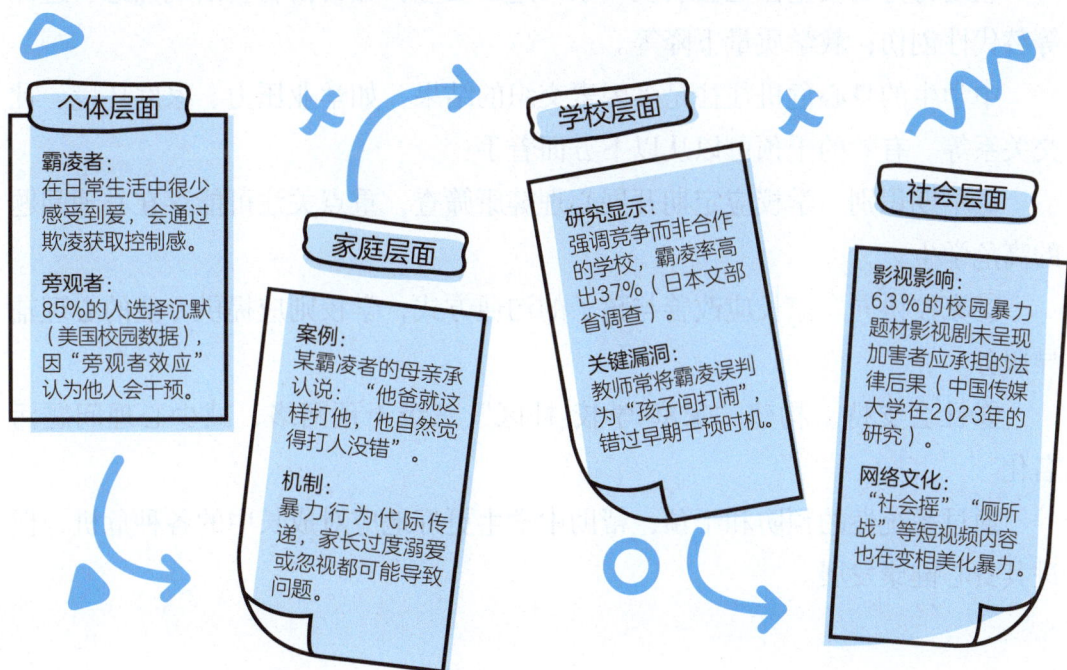

个体层面

霸凌者：
在日常生活中很少感受到爱，会通过欺凌获取控制感。

旁观者：
85%的人选择沉默（美国校园数据），因"旁观者效应"认为他人会干预。

家庭层面

案例：
某霸凌者的母亲承认说："他爸就这样打他，他自然觉得打人没错"。

机制：
暴力行为代际传递，家长过度溺爱或忽视都可能导致问题。

学校层面

研究显示：
强调竞争而非合作的学校，霸凌率高出37%（日本文部省调查）。

关键漏洞：
教师常将霸凌误判为"孩子间打闹"，错过早期干预时机。

社会层面

影视影响：
63%的校园暴力题材影视剧未呈现加害者应承担的法律后果（中国传媒大学在2023年的研究）。

网络文化：
"社会摇""厕所战"等短视频内容也在变相美化暴力。

（三）霸凌的多维度危害

1. 受害者遭受创伤

生理方面：长期应激可导致慢性头痛或胃痛。

心理方面：可能引发创伤后应激障碍，据北京师范大学的追踪研究显示，其发病率高达23%，且自杀风险增加至原来的4倍。

2. 施害者付出代价

数据显示，未成年时期曾有霸凌行为者，成年后犯罪率超过40%（源自最高人民法院案例库）。其背后机制在于，未及时矫正的暴力行为模式会在成长过程中持续强化并升级。

3. 校园生态被破坏

霸凌行为的发生往往会引发一系列连锁反应，如目击者会出现焦虑、逃课等替代性创伤；教学质量下降等。

中学生的身心危机往往是多因素交织的结果，如学业压力、家庭环境、社交关系等。有效的干预可以从以下方面着手：

①早期识别。学校应定期开展心理健康筛查，重点关注可能存在心理问题的高危学生。

②家校协同。家长应改善与孩子的沟通方式，学校则应提供专业的心理辅导服务。

③社会支持。构建"家庭-学校-社区"三级干预网络，减少心理问题污名化。

通过系统性的预防和干预，帮助中学生更好地应对成长中的各种危机，促进其身心健康发展。

第五节 | 最需要勇敢的时候

中学生在这个年龄阶段经历着心理和生理的迅速发展，能否很好地适应这些转变，直接关系到学生们是否能全身心地投入学习，能否健康快乐地生活，能否为今后的发展奠定良好的基础。

这个时期，社会的积极影响和消极影响都扑面而来，可能你从没经历过的挫折、冲突、变故、危机、创伤，会出现在你的面前。但这时，也是最需要你勇敢的时候。

勇敢、理性而智慧地应对身心发展与危机，是每一位中学生必须经历的心理淬炼，这将让你的内心更强大！

要允许自己脆弱。哭不是丢脸的事情，真正的强大从不是"不哭"，而是"哭完还能解决问题"。

要学会相信自己，充满自信。别人的看法是别人的事，我的行动是我的事。

要锻炼冷静和智慧。冷静和智慧是化解身心危机的必备素质，也是你心理强大的重要表现。

要从小事培养掌控感。可以每天坚持一件小事（例如跑步、写日记），增强"我能做到"的信心。

要学会把失败转化为经验。面对失败不是想着"我完了"，而是想着"通过这次失败我学到了什么"。

心理强大不是天生的，而是练出来的，它虽不会让生活变得一帆风顺，但能让你在风浪中站稳，甚至学会冲浪。真正的强大，是柔韧的，而非坚硬的。

作为中学生，当面临不同的身心危机时，除了外界的支持和帮助，自身的应对策略也至关重要。

以下是针对各类危机的自我调节与行动建议，旨在帮助中学生增强心理韧性，主动应对困境。

一、校园应急处置

（一）生活和学习挫折

挫折对人来说是一种打击，更是一种挑战。一个人能否经受得起挫折，关键在于增强挫折承受能力。中学生应当掌握一些挫折心理的自我调适方法，提高挫折承受能力，学会勇敢地对待和积极化解困难，保持心理平衡和心理健康。

1. 调整心态

接受"挫折是成长的一部分"，避免完美主义，告诉自己"暂时做不到不等于失败"。学会用成长型思维看待问题，例如这次考试虽然没考好，但我找到了薄弱点，下次可以改进。

2. 制订合理计划

将大目标拆解为小任务（如每天专注学习25分钟+休息5分钟），使用"四象限法"区分任务优先级，先完成重要且紧急的事项。

3. 主动寻求资源

向老师、同学请教学习方法，或利用网络课程补充知识（如国家中小学智慧教育平台）。若长期压力过大，可向学校心理老师倾诉，或拨打心理热线。

（二）人际关系冲突

1. 冷静分析与沟通

①朋友绝交或恋人分手。给自己时间消化情绪，避免冲动纠缠或自我贬低。可尝试写日记梳理感受，再决定是否理性沟通。

②师生矛盾。换位思考矛盾根源，主动与老师坦诚交流，例如："老师，我对上次的批评有些困惑，能否和您聊聊？"

2. 建立支持系统

拓展社交圈，参加社团、志愿活动等，避免因一段关系破裂而陷入孤独。与信任的家人或朋友分享感受，但避免过度依赖单一关系。

3. 设定人际边界

如果遭遇校园霸凌或恶意排挤，明确拒绝并保留证据，及时向班主任或家长求助。

（三）家庭变故

1. 接纳情绪，减少自责

父母离异或亲人重病时，允许自己悲伤、愤怒，但需明白这不是你的错。可通过绘画、运动等方式释放情绪。

2. 主动表达需求

与监护人沟通你的真实感受，如："妈妈，你们吵架时我很害怕，能不能不要让我传话？"

若家庭矛盾难以解决，可向学校老师、心理咨询师或公益组织（如红伞心理援助计划）寻求帮助。

3. 保持生活稳定性

通过规律作息、专注学业或兴趣爱好，增强对生活的掌控感，避免因家庭变故而彻底消沉。

（四）自我认同困惑

1. 重新定义"自我价值"

列出你的优点和能力，如"擅长倾听""坚持练琴三年"，而非仅关注外

貌或分数。

对比社交媒体与现实生活，提醒自己"精修照片≠真实人生"。

2. 探索兴趣，提升自信

通过尝试新事物，如写作、编程、志愿服务。发现潜在优势，增强"我能行"的体验。

3. 减少比较，专注成长

当陷入"别人比我强"的焦虑时，问自己："我的目标是什么？我需要成为别人吗？"

（五）重大疾病和身心创伤

1. 积极配合治疗

若确诊抑郁症、焦虑症等，遵医嘱服药，同时记录情绪变化，便于医生调整方案。学习疾病知识，如阅读《少年抑郁症》等书籍，减少病耻感。

2. 建立安全网

与信任的人约定"危机信号"（如自残念头），明确紧急联系人（如心理老师、家长、危机热线）。删除触发负面情绪的社交账号，营造安全环境。

3. 微小进步也值得肯定

康复期间疾病可能反复，建议设定"最低行动目标"（如每天起床后喝一杯水），一旦完成就及时给予自我鼓励。

最后提醒：若自我调节无效或出现自杀念头，务必立即联系专业帮助（如拨打全国24小时危机干预热线）。你的生命比任何问题都重要！

（六）应对校园霸凌

个人应对（受害者）

立即行动：对第一次霸凌必须明确说"不"，如大声警告："这是霸凌！停止！"

证据保留：录音/截图霸凌内容（法律维权关键）。

安全求助：向信任的教师发送邮件而非口头报告（留有记录）。

学校治理

挪威方案：每周开展"匿名霸凌报告课"，使用绿色/红色卡片表达安全感。

朋辈调解：培训高年级学生担任"冲突协调员"。

应对

家庭干预

识别信号：孩子突然抗拒上学、物品被频繁损坏可能是预警。

沟通技巧：避免质问"为什么只欺负你"，改用"发生了什么？需要怎么帮你？"

社会支持

法律完善：推广"校园霸凌矫正令"（上海长宁区人民政府要求施害者参与公益服务）。

平台责任：短视频需设置"暴力内容自动过滤+心理援助弹窗"。

特别提醒：打破沉默循环

目击者：仅仅一句"这样做不好"就能降低50%持续霸凌可能性（耶鲁大学实验）。

教　师：警惕"没有受害者"的霸凌（如故意损坏公物可能是情绪转移）。

　　霸凌不是"成长的代价"，而是需要系统破解的教育难题。正如芬兰反霸凌计划所示：当干预覆盖全校90%的学生时，霸凌率可下降75%。每个人的主动行动，都在重塑校园的文明底线。

　　勇敢不是无所畏惧，而是带着恐惧依然前行。当你遇到身心危机时，请记住：

　　✓你并不孤单——家人、朋友、老师都愿意帮助你。

　　✓求助是强者的行为——心理咨询和医疗支持就像心灵的"创可贴"；学校、公安、社会也都是你坚实的后盾。

　　✓每一次危机都是成长的机会——钻石因高压而璀璨，人生因磨砺而坚韧。

二、危机应对指南

1. 出现自杀念头

①错误做法：独自承受，认为"没人理解我"。

②正确做法：立刻联系心理热线或学校的心理老师。

③告诉自己："痛苦是暂时的，我值得被帮助。"

④发现中学生自杀苗头，同学、亲朋、老师要时刻陪伴在学生身旁，同时施行化解措施。

2. 反性骚扰策略

①明确拒绝。如"我不喜欢这样，请停止！"

②保留证据。如聊天记录、录音等。

③立即向家长、老师或警方报告。

中学生遭遇性骚扰时，快速反应、保留证据、寻求权威帮助是核心原则。家庭、学校和社会需形成合力，通过教育、制度建设和心理支持，共同构建安全的成长环境。

3. 患急重病

步骤：保持镇定→呼叫120→通知家长或老师→配合治疗。

4. 遭受升学就业打击

可以探索其他路径（如职校、艺考），因为社会需要多元化人才。

5. 遇到突发事件

遇到突发事件，如自然灾害、事故等可采取以下心理急救方法：

①与同伴紧紧围坐，减少孤独感。

②用"5-4-3-2-1"五感接地技术缓解恐慌，即说出5个所见、4种所听、3种所触、2种所闻、1种所尝。

🔗 知识链接

积极心理学

积极心理学是不只研究"怎么治心病"，更是要探索"怎么让心灵开花"的科学。它的核心思想是从"修理破损"到"培育繁荣"。

传统心理学像"心理医生"，专注修复抑郁、焦虑等问题。积极心理学像"心灵园丁"，研究如何让普通人更幸福、让优秀者更卓越。

积极心理学有三大课题：积极情绪、个人优势、积极组织。它对中学生特别有价值，可以引导你用"成长型思维"代替"灾难幻想"，减轻许多心理压力；指导你练习"积极倾听"，如先复述对方观点再回应，改善人际关系；帮助你制作你的"成就里程碑"，哪怕是小成就，也能排除你的自我怀疑。积极心理学强调：

✓ 承认负面情绪的合理性。

✓ 用科学的方法提升心理免疫力。

✓ 幸福是一种需要练习的能力。

阳光心态修炼馆

一、心理分析与感悟

有一位穷困潦倒的年轻人，身上全部的钱加起来也不够买一件像样的西服，连房子都租不起。但他立志当演员的决心却丝毫没有改变。虽然他满怀信心地到纽约的电影公司去应征，但都因他平平的外表和咬字不清而被拒绝。纽约共有500多家电影公司，他不辞辛苦地一一前去拜访，但无一例外地都拒绝了他。无数次的受挫并没有熄灭他渴望成为演员的决心。他又回过头来，再从第一家电影公司开始新一轮的尝试。即便已被拒绝1500多次，他也没有放弃。

一次很偶然的机缘，他看了一场拳王阿里和一个小拳手的比赛，小拳手居然与阿里苦斗了15个回合，这给了他灵感。他用三天就完成了拳手洛基的传奇故事。

他拿着写出的电影剧本去寻找导演，在遭到了1855次拒绝之后，终于找到一个肯拍那个剧本的电影公司老板。这部仅用了2个月的低成本影片一经上映即引起了空前的反响，创造了奇迹般的票房。他所饰演的那个出身社会底层但不甘失败、为自己的尊严勇斗的强者，以虽败犹荣的形象得到了人们的同情和认同。这名穷困潦倒的年轻人也因此一炮走红，这部影片一举赚得两亿两千五百万美元，并赢得了当年奥斯卡最佳影片和最佳导演奖。他就是后来红遍世界的巨星史泰龙。

思考：史泰龙遇到了什么挫折？他是如何应对并获得成功的？

二、心理自我疏导

困难、挫折和危机是成长的必经之路，每个人都会遇到，可以把它们看作是提升自己能力的机会。

1. "镜子行动"

每天花几分钟对着镜子给自己正面肯定，例如"我可以解决问题""我有能力应对挑战"。当遇到难题时，在心里默念这些话语，能增强自信心。

2. "深呼吸法"

当面对问题感到紧张焦虑时，可以运用放松技巧来缓解情绪。常见的一种方法是深呼吸法，即慢慢地吸气，让空气充满腹部，再缓缓呼气，重复数次。

3. 渐进性肌肉松弛法

从头到脚依次收紧再放松各个肌肉群，有助于缓解身体的紧张感。

4. 合理宣泄

感到压力大时，可通过运动、唱歌、写日记等方式释放负面情绪。比如跑步时身体会分泌内啡肽，改善心情；写日记能把内心感受表达出来，缓解焦虑。

5. 转移注意力

当深陷危机带来的痛苦时，不妨做些自己喜欢的事来转移注意力，如绘画、阅读、听音乐等。沉浸在自己感兴趣的活动中，能暂时忘却烦恼，恢复内心的平静。

6. 坚定自我价值

要相信自己的价值，不被霸凌者的言语和行为所否定。每个人都有自己的优点和长处，不要因为别人的恶意评价而贬低自己。

7. 培养勇气和自信

通过参加一些自己擅长的活动，如体育比赛、文艺表演等，锻炼自己的勇气和自信。当你在这些方面取得成功时，会增强对自己的信心，在面对霸凌时也会更有底气。

8. 寻求帮助

不要独自承受所有压力，可以向家人、朋友、老师或同学寻求帮助和支持。他们可能会提供不同的观点和建议，帮助你找到更好的解决办法。

三、心理修炼活动

1. 举办分享会

以小组分享讨论的形式，复盘成功应对危机，化解挫折的正确举措。总结分析，增加应对危机的经验和信心。当然涉及同学隐私的内容就不要分享了。

2. 制订计划

针对困难危机制订具体可行的计划。将大问题分解成小目标，逐步解决。如制订冲突调节预案、反霸凌预案、防自残预案等。

3. 组织团队活动

组织小组项目、社团活动等。在团队中与他人合作，能学习他人的经验和智慧，增强归属感和安全感，共同应对困难挫折。

终篇
成长大揭秘

中学时代就像一场充满挑战的心理冒险，而你们，正是这场冒险的主角。在探险的路上，你将战胜一个个挑战，闯过一个个关口，迎来一次次阳光，你的心理也在悄然成长。

一、每个伤疤都是升级勋章

心理学上有个概念叫"抗逆力"——就像游戏里的角色受伤后会变得更强大一样，每一次挫折都在训练我们的大脑。如考试失利、朋友误会、犯错被批……这些"伤疤"其实是大脑在升级的提示音。研究发现，经历过适度挑战的人，大脑前额叶会更发达。所以，当你遇到困难时，可以对自己说："我的'心理肌肉'又在长力量了！"

二、阳光心态八条

在我们成长的道路上，阳光心态就如同一座灯塔，照亮我们的心灵，引领我们前行。阳光心态的八大心理秘诀是送给你的成长礼物，当你接受了它、实践了它、融汇了它，阳光心态就会伴随你成长，你的中学时代也将快乐、自信且充满阳光！

悦纳自我——接受不完美，像对待好朋友一样善待自己。

乐观——把"我真倒霉"换成"这是个学习机会"。

自信——每天记录1件"我做到了"的小事，心理学叫"成功日记"。

善于交际——主动微笑、倾听，人际关系会像镜子一样反射温暖。

主动学习——大脑喜欢好奇，多问"为什么"能激活奖励区域。

自控——用"10分钟法则"对抗诱惑，即先坚持10分钟，欲望就会减弱。

爱心——用爱心帮助他人时，大脑会分泌让你快乐的多巴胺。

勇敢——害怕时深呼吸，恐惧只是身体的警报器，不是停止符。

三、写给5年后的自己：种下愿望胶囊

　　想象5年后的自己站在面前：会是什么模样？具备哪些品质？请写下3个关键词——你最希望具有的心理品质，例如"坚韧""乐观""自信""勇敢"等，然后将它们封存在信封里。心理学中的"自我实现预言"告诉我们，清晰的目标会像北斗星一样，默默指引我们的行动方向。

　　请记住：今天的你，正在为未来的自己播种。

　　成长不是等待暴风雨过去，而是学会在雨中跳舞。愿你们带着这些"心理装备"，勇敢闯关——因为最精彩的故事，永远写在下一页。

一、持续成长补给站

学习强国APP"青少年心理健康"专题（含短视频、音频课程）。

二、全国青少年心理援助资源

热线：12355青少年服务台（24小时心理咨询）。

三、辅助工具

使用"潮汐""小睡眠"等应用软件辅助情绪调节。

四、塔沟武术学校校园心理热线

塔沟武术学校心理辅导中心，总校医务室4楼。

专职心理咨询老师：范险峰，13938566726；钟梦星，13607667257。

[1] 卢家楣. 青少年心理与辅导-理论和实践[M]. 上海：上海教育出版社，2016.

[2] 伍新春，乔志宏. 心理健康教育[M]. 北京：北京师范大学出版社，2008.

[3] 彭亦雄. 心理健康[M]. 上海：同济大学出版社，2017.

[4] [美]温迪·L. 莫斯，[美]唐纳德·A. 莫塞斯. 我的青春期-青少年心灵成长指南[M]. 王尧，译. 北京：化学工业出版社，2017.

[5] 彭聃龄，陈宝国. 普通心理学[M]. 北京：北京师范大学出版社，2024.

[6] 沙莲香. 社会心理学[M]. 北京：中国人民大学出版社，2002.

[7] 吕秀梅，陈晋，段桂芹. 心理健康教育[M]. 北京：北京师范大学出版社，2013.

[8] 栎嘉. 正念觉醒[M]. 北京：化学工业出版社，2025.

[9] 丰子. 自我成长的秘密[M]. 北京：化学工业出版社，2025.

[10] 聂振伟. 大学生心理健康必读[M]. 北京：高等教育出版社，2004.

[11] 李小平. 新编基础心理学[M]. 南京：南京师范大学出版社，2007.

[12] 边玉芳. 心理健康教师用书[M]. 上海：华东师范大学出版社，2007.

[13] 高玉祥. 健全人格及其塑造[M]. 北京：北京师范大学出版社，1997.

[14] 张文新. 高等教育心理学[M]. 青岛：山东大学出版社，2008.

[15] 马玉荣. 青少年心理健康大讲堂[M]. 北京：石油工业出版社，2007.

[16] 邢群麟，李敏. 哈佛教授给学生讲的200个心理健康故事[M]. 北京：中央编译出版社，2007.

[17] 朱彤. 影响生活的77条心理定律[M]. 北京：中国广播电视出版社，2007.

[18] 牧之，张震. 智者的洞察：心理学经典名言的智慧[M]. 北京：新世界出版社，2008.

[19] 李开复. 做最好的自己[M]. 北京：人民出版社，2005.

[20] 冯建军. 生命化教育[M]. 北京：教育科学出版社，2007.

[21] 刘济良. 生命教育论[M]. 北京：中国社会科学出版社，2004.

[22] 高海清. 人就是"人"[M]. 沈阳：辽宁人民出版社，2001.

[23] 刘志军等. 生命的律动：生命教育实践探索[M]. 北京：中国社会科学出版社，2004.

[24] 王北生等. 生命的畅想：生命教育视阈拓展[M]. 北京：中国社会科学出版社，2001.

[25] 汤笑. 婚恋心理学[M]. 北京：中国城市出版社，2006.

[26] [美]金伯利·S. 杨. 网虫综合征—网瘾的症状与康复策略[M]. 毛英明，毛巧明，译. 上海：上海译文出版社，2000.

[27] 吕叔春. 中国智慧故事大全[M]. 天津：天津社会科学院出版社，2004.

[28] 张健鹏，胡足青. 心里的锁[M]. 北京：九州出版社，2007.